Grenzen verleggen

Probleemoplossend en wiskundig denken in de lagere school

S. Haesen, P. Janssens, L. Lefevre,

M. Van de Ven en S. Vranckx

Grenzen verleggen

Probleemoplossend en wiskundig denken in de lagere school

S. Haesen, P. Janssens, L. Lefevre, M. Van de Ven en S. Vranckx

SINE QUA POD
2015

Grenzen verleggen: Probleemoplossend en wiskundig denken in de lagere school

Auteurs: Stefan Haesen, Pascale Janssens, Liesbeth Lefevre, Marijke Van de Ven en Sabine Vranckx
Copyright ©2015 de auteurs

Druk: 1ste druk 2015
Uitgever: SINE QUA POD
Vormgeving: de auteurs

ISBN: 978-9-09-029138-3
NUR: 123

Inhoudstafel

Inleiding

In deze cursus wordt de didactiek van probleemoplossend en wiskundig denken voor de lagere school behandeld. Eerst komen de verschillende heuristieken en het stappenplan van Pólya aan bod. Daarna passen we deze kennis toe op problemen voor de verschillende graden van de lagere school en focussen we op verschillende deelaspecten:

- Hoe kan je in wiskundelessen aandacht besteden aan metacognitief onderwijzen?
- Welke fouten maken leerlingen vaak bij het oplossen van problemen en hoe ga je hier als toekomstige leerkracht rekening mee houden?
- Wat zijn zinvolle problemen om aan te bieden aan leerlingen?
- Hoe bouw je een geschikt bordplan op om leerlingen te helpen bij het oplossen van problemen?
- Hoe evalueer je het probleemoplossend en wiskundig denken van leerlingen?

De lessen worden telkens opgebouwd volgens eenzelfde stramien. Bij de oplossing van een inleidend probleem richten we de aandacht op de kern van de les. Nadat het theoretisch kader is bestudeerd, gaan we terugkijken naar het probleem, diepen dit verder uit en verwerken we de leerstof aan de hand van oefeningen of lessen uit bestaande handleidingen.

We verwachten dat iedereen alle oefeningen en opdrachten oplost in een logboek. Op deze manier kunnen we tijdens de lessen steeds teruggrijpen naar vroegere problemen en biedt dit de mogelijkheid om ook gemaakte fouten achteraf te analyseren. Uiteraard doen we dit niet zomaar, in deel 5 zullen we het nut van een vraagstukkenlogboek voor de lagere school bespreken en toetsen aan onze ervaringen.

Deze cursus kwam tot stand met de financiële steun van het expertisenetwerk School of Education in de periode 2013 – 2015.

SCHOOL OF EDUCATION

Bijkomend materiaal is te vinden op de website www.grenzenverleggen.be in de vorm van korte filmfragmenten, achtergrondartikels, extra problemen en een didactische gids voor docenten om met deze cursus aan de slag te gaan.

Juni 2015, de auteurs

1 Wat is probleemoplossend denken?

1.1 Begrippen

Deze cursus is opgebouwd rond problemen binnen wiskunde. Het is dan ook aangewezen om te starten met een definitie, of op zijn minst, een beschrijving van wat we onder deze term verstaan. In de onderwijsliteratuur is er echter geen eensluidende definitie voorhanden.

Als basisdefinitie gaan we uit van het volgende:
Een wiskundig probleem is een wiskundige opgave binnen een realistische context waarbij je één of meerdere oplossingen kan vinden.

Eén van de meest voorkomende concepten dat toegeschreven wordt aan een probleem is het begrip "nieuw". Bijvoorbeeld Pólya (1957, 1962) beschrijft een wiskundig probleem oplossen "als het zoeken van een weg rond een moeilijkheid, een obstakel en het vinden van een onbekende oplossing van een probleem". Schoenfeld (1992) gebruikt de term "niet-routine" in plaats van "nieuw". Als tegenvoorbeeld van "nieuw" geldt een werkblaadje met een reeks oefeningen op die de leerlingen telkens hetzelfde proces (bewerking, denkstappen, …) laten uitvoeren. Dit wordt eerder gezien als een wiskundige oefening omwille van de routine (herhaling) in het oplossingsproces.

Anderen suggereren dat redeneren en hogere-orde denkprocessen aanwezig moeten zijn (Lester & Kehle, 2003). Hierdoor moet het automatiseren afwezig zijn. Bijgevolg kan een geleerd algoritme niet zo maar gebruikt worden om tot een zinvolle oplossing te komen. Dit sluit echter niet uit dat een algoritme "onderweg" aan bod komt, maar het kan nooit de essentie van de oplossing omvatten.

Een andere component die naar voren wordt geschoven is het feit dat vaak verschillende pogingen om het probleem op te lossen noodzakelijk zijn (Lesh & Zawojewski, 2007). Het feit dat leerlingen meerdere oplossingswegen moeten proberen, is vaak een indicatie van de moeilijkheidsgraad van het probleem en toont aan dat automatisatie niet voldoende is. Analoog kunnen er ook soms meerdere oplossingen zijn voor hetzelfde probleem (Verschaffel, De Corte, Lasure, & Van Vaerenbergh, 1999). Bijgevolg duurt het vinden van een/alle oplossing(en) van een echt wiskundig probleem vaak langer dan bij een rekenoefening.

Een wiskundig probleem moet aangepast zijn aan de ontwikkeling van de leerlingen (Lesh & Zawojewski, 2007). Een uitdagend probleem voor een leerling in het eerste leerjaar wordt een eenvoudige oefening voor een leerling in het vierde leerjaar. De essentie hierbij is of de opdracht al dan niet problematisch is.

Verder wordt in verband met wiskundige problemen vaak verwezen naar de context van het probleem. Nog al te vaak worden problemen gekaderd in een typische schoolse context. Lesh en Zawojewski (Lesh & Zawojewski, 2007) pleiten voor een meer realiteitsgebonden context van problemen. Om leerlingen te motiveren om een uitdagende opdracht uit te voeren, gaat men er van uit dat deze moet aansluiten bij de belevingswereld van de kinderen.

Definitie van een wiskundig probleem

Samenvattend kunnen we stellen dat een echt wiskundig problem vereist dat leerlingen nieuwe wegen moeten zoeken om tot één of meerdere oplossingen te komen, dat de opdracht uitdagend is en aansluit bij de belevingswereld van de leerlingen. Een zinvol probleem biedt verder voldoende leerkansen aan de kinderen, zowel tijdens als na het vinden van een oplossing (Chamberlin, 2008).

Bovenstaande begrippen bepalen allemaal wat wezenlijk is aan een wiskundig probleem. Daarnaast bevat elk vraagstuk ook een aantal niet-wezenlijke aspecten :

- de inkleding
- de presentatie
- de grootte en de aard van de getallen
- de oplossingsmethode en de aard van de bewerking
- het aantal bewerkingen.

Deze niet-wezenlijke aspecten moeten voldoende afgewisseld worden.

Uit de studie van de eindtermen en het leerplan blijkt dat vraagstukken een belangrijke rol spelen in het wiskundeonderwijs. Vraagstukken worden gebruikt als uitgangspunt voor het wiskundeonderwijs. Ze bieden een kans om nieuwe wiskundige begrippen of bewerkingen aan te brengen en het inzicht erin te verdiepen.

Vraagstukken spelen ook een rol in de toepassingsfase van een of meerdere lessen over een bepaald onderwerp (deelleergang). In deze fase moeten de leerlingen leren de bestudeerde begrippen te gebruiken en bewerkingen toe te passen om reële problemen op te lossen. Leerlingen krijgen daardoor de kans om de begrippen, inzichten, procedures en strategieën, met betrekking tot getallen, bewerkingen, meten en meetkunde, efficiënt te hanteren in betekenisvolle toepassingssituaties, zowel binnen als buiten de klas.

Vraagstukken hebben naast een praktische ook een vormende waarde. Ze omvatten problemen die met logisch redeneren en wiskundige kennis zijn op te lossen. Leerlingen moeten problemen leren zien, ze leren verwoorden en ze leren oplossen. Hierbij ligt de nadruk niet op "vraagstukken oplossen" maar wel op "het léren oplossen van vraagstukken", het stimuleren van het wiskundig denken en het inzicht in probleemsituaties. Leerlingen een inventaris aanbieden van modeloplossingen die zonder nadenken (mechanistisch) ingeoefend moeten worden, is zeker een veel te arme aanpak om de doelen met betrekking tot vraagstukken te realiseren.

De eindtermen en de leerplannen vermelden naast cognitieve doelen ook attitudinale doelen. Als kinderen bezig zijn met vraagstukken is het maatschappelijk gezien belangrijk hen aan te zetten tot het kritisch benaderen van situaties en cijfermateriaal, tot het ordelijk en nauwkeurig werken, tot samenwerken, … .

1.2   De eindtermen

In de eindtermen komt het woord "vraagstukken" niet voor. In de plaats hiervan vinden we de volgende woorden: problemen, rijke problemen in contexten, toepassingssituaties, strategieën en probleemoplossende vaardigheden.

Via het wiskunde-onderwijs streeft de basisschool ernaar dat:

- de kinderen de verworven wiskundige kennis, inzichten en vaardigheden in verband brengen met en gebruiken in zinvolle toepassingssituaties, ook in andere leergebieden en buiten de school;

- de kinderen waardevolle heuristische technieken en vaardigheden hanteren voor het oplossen van wiskundige problemen, dat zij ook de vaardigheid in het reflecteren op en het sturen van eigen wiskundige denk- en leerprocessen hanteren (zie terugkoppeling op eigen product en procedure).

Concrete eindtermen

De leerlingen:

1.29 zijn bereid verstandige zoekstrategieën aan te wenden die helpen bij het aanpakken van wiskundige problemen met betrekking tot getallen, meten, ruimtelijke oriëntatie en meetkunde.

4.1 kunnen met concrete voorbeelden aantonen dat er voor hetzelfde wiskundig probleem met betrekking tot getallen, meten, meetkunde en ruimtelijke oriëntatie, soms meerdere oplossingswegen zijn en soms zelfs meerdere oplossingen mogelijk zijn afhankelijk van de wijze waarop het probleem wordt opgevat.

4.2 zijn in staat om de geleerde begrippen, inzichten, procedures, … efficiënt te hanteren in betekenisvolle toepassingssituaties.

5.2 ontwikkelen een kritische houding ten aanzien van allerlei cijfermateriaal, tabellen, berekeningen waarvan in hun omgeving bewust of onbewust, gebruik (misbruik) gemaakt wordt om mensen te informeren, te overtuigen, te misleiden … .

5.4 zijn bereid zichzelf vragen te stellen over hun aanpak voor, tijdens en na het oplossen van een wiskundig probleem en willen op basis hiervan hun aanpak bijsturen.

De laatste jaren is gebleken dat de gemiddelde zesdeklasser van de lagere school deze doelen soms onvoldoende bereikt. Daarom is het nodig extra aandacht te besteden aan het verhogen van de probleemoplossende vaardigheden van studenten en leerlingen. Dit blijkt ook uit de resultaten van een grootschalige wiskundepeiling die uitgevoerd werd bij leerlingen van de lagere school in 2009 (Vlaams Ministerie van Onderwijs en Vorming, 2010).

1.3   Leerplannen

De term vraagstukken komt als dusdanig bijna niet voor in de leerplannen. Wat wij onder vraagstukken verstaan, vinden we in het leerplan enerzijds onder "**toepassingen**" bij de verschillende leerdomeinen en anderzijds bij de "**domeinoverschrijdende doelen**":

1.3.1   VVKBaO 1998

> ➢ blz. 20-21 AD2 t/m AD6
>
> ➢ blz. 57-58 B49 t/m B59
>
> ➢ blz. 70-71 MR78 t/m MR90
>
> ➢ blz. 79-80 MK43 t/m MK53
>
> ➢ blz. 81-85 DO1 t/m DO11 (bijzondere aandacht voor DO1, DO2 en DO3!)

Specifieke rekenvraagstukken komen vooral vanaf het 4de leerjaar aan bod (zie schema).

1ste leerjaar	2de leerjaar	3de leerjaar	4de leerjaar	5de leerjaar	6de leerjaar
Mondeling aangeboden betekenis-volle situaties vanuit de klas, van op straat, ... in een wiskundige vorm noteren en uitrekenen*. Schriftelijk aangeboden betekenis-volle situaties.	Idem, mondeling en schriftelijk aangeboden betekenisvolle situaties Enkelvoudig vraagstuk**		Vraagstukken komen in alle domeinen van de wiskunde voor.		
			Eenvoudige samen-gestelde vraagstukken eenheidsprijs, hoeveelheid, totale prijs Inkoopprijs, winst, verlies, verkoopprijs Inkomsten, uitgaven, sparen, te kort Tijd, afstand, snelheid Gemiddelde	Samengestelde vraagstukken***	
				———————————► ———————————► ———————————► ———————————►	
				Gemiddelde, mediaan, meerwaarde, korting Kapitaal, enkelvoudige interest, rentevoet Percentberekening Bruto, tarra, netto Tarieven, post, trein en tram, metro, bussen, ... Belastingen, BTW Ongelijke verdeling (som, verschil gekend)	
					Rechtevenredige verdeling Eenheidsprijs van mengsels Volume en gewicht Soortelijk gewicht

* Dit proces noemt men ook 'mathematiseren'

14

Opdracht

Lees het artikel "Wiskunde als activiteit en de realiteit als bron" van L. Streefland (1985), zie
http://www.fisme.science.uu.nl/wiskrant/artikelen/
artikelen00-10/051/0501september_streefland.pdf .

1) Wat verstaat de auteur onder de term "mathematiseren"?
2) Geef 2 voorbeelden uit het artikel waarbij de realiteit als vertrekpunt wordt genomen om het wiskunde-onderwijs op te bouwen.

** Enkelvoudig vraagstuk:

Met de gegevens moet één bewerking worden uitgevoerd, die al dan niet onmiddellijk voor de hand ligt. De leerling is verplicht zich de situatie voor te stellen om de passende bewerking te kunnen kiezen.

Bv. Op het treintje zitten 10 jongens en 8 meisjes. Hoeveel jongens zijn er meer dan meisjes ?

Bv. Piet heeft 3 appels. An heeft ook wat appels. Piet en An hebben samen 9 appels. Hoeveel appels heeft An ?

*** Samengesteld vraagstuk:

Bij dit soort vraagstukken moeten de leerlingen relaties leggen tussen meerdere gegevens. Verschillende bewerkingen dienen gemaakt te worden om tot de oplossing te komen. De leerlingen moeten bovendien zelf de volgorde van de bewerkingen bepalen.

Bv. Van de winkel brachten we twee blikjes sardientjes mee. Die kostten elk 1,50 euro. We kochten ook nog een doosje kaas van 2 euro. We betaalden met een biljet van 10 euro. Hoeveel kregen we terug?

1.3.2 OVSG

In het leerplan van het OVSG lezen we bij de domeinoverschrijdende doelen:

1.1 De leerlingen ontwikkelen heuristische werkwijzen om wiskundige problemen op te lossen. Ze werken daarbij planmatig en doorlopen een aantal fasen.

1.2 De leerlingen weten, zien in en kunnen verwoorden en met voorbeelden illustreren dat voor één probleem soms verschillende oplossingswegen mogelijk zijn.

1.3 De leerlingen kunnen bij een gegeven situatie, een context of een realiteit één of meer (wiskundige) vragen formuleren.

1.4 De leerlingen kunnen reflecteren op hun eigen oplossingsproces en oplossingsgedrag.

1.5 De leerlingen kunnen het geleerde hanteren in betekenisvolle, realistische toepassingssituaties, zowel binnen als buiten de klas.

1.6 De leerlingen kunnen met concrete voorbeelden uit hun leefwereld verwoorden welke de rol en het praktisch nut van wiskunde is in de maatschappij.

1.3.3 Besluit

We onderstrepen dat zowel de eindtermen als verschillende leerplannen de nadruk leggen op de volgende doelen:

- een algemene strategie voor het vaardig oplossen van wiskundige problemen kennen en kunnen gebruiken,

- specifieke zoekstrategieën kennen en gebruiken,

- nadenken over het eigen oplossingsproces en dat proces sturen,

- doeltreffende opvattingen en houdingen tegenover het oplossen van wiskundige problemen ontwikkelen.

2   Heuristieken

2.1   Een mogelijk plan van aanpak

Leerlingen lossen een vraagstuk vaak op een slordige wijze op, zowel in hun denkend handelen als in hun noteren. In veel gevallen vinden we naast een antwoordzin slechts enkele onverzorgde bewerkingen. Velen werken te vlug en te oppervlakkig, wat tot fouten leidt die ze kunnen voorkomen.

Aandacht besteden aan een planmatige, gestructureerde werkmethode dringt zich dan ook sterk op. Leerlingen moeten een probleemsituatie stap voor stap leren analyseren, bevragen, oplossen... .
Het kennen en toepassen van een "**algemene heuristiek**" (de opeenvolgende fasen van het oplossingsproces) zijn bijgevolg belangrijke doelen.

Een heuristiek is een *mogelijke zoekstrategie* om een oplossing voor een probleem te zoeken. Ze is *niet oplossingsgaranderend*. Een bepaalde zoekstrategie kan voor het ene probleem wel geschikt zijn en voor het andere niet.

Aangezien een juiste houding ten opzichte van problemen zo belangrijk is, zowel in de wiskundeles als in het dagelijkse leven, hebben de meeste handleidingen een stappenplan ter beschikking. Dat betekent dat ze aan de hand van vragen en/of figuren weergeven welke stappen de leerlingen steeds moeten doorlopen bij probleemoplossend denken.

Niettegenstaande elke handleiding zijn accenten legt, kan je in grote lijnen elk stappenplan onderverdelen in de volgende vier fasen en acht stappen.

Fase 1: "Ik lees" en "Ik begrijp"

1) Het lezen van het probleem
2) Het aanduiden van de (relevante) gegevens
3) Het aanduiden van wat er gevraagd wordt

Fase 2: "Ik zoek" en "Ik los op"

4) De keuze van een strategie, methode of heuristiek
5) Het wiskundig uitvoeren van deze methode

Fase 3: "Ik controleer" en "Ik antwoord"

6) Het formuleren van een antwoord
7) Controle van het antwoord

Fase 4: "Ik reflecteer"

8) Reflectie op het proces of uitbreiding

Voorbeeld:

Jan en Ludo verkochten samen lotjes voor een som van 120 euro. Het bedrag van Ludo bedroeg 6 euro meer dan de helft van het bedrag van Jan. Voor hoeveel euro hebben ze elk lotjes verkocht?

Fase 1: Lees en begrijp

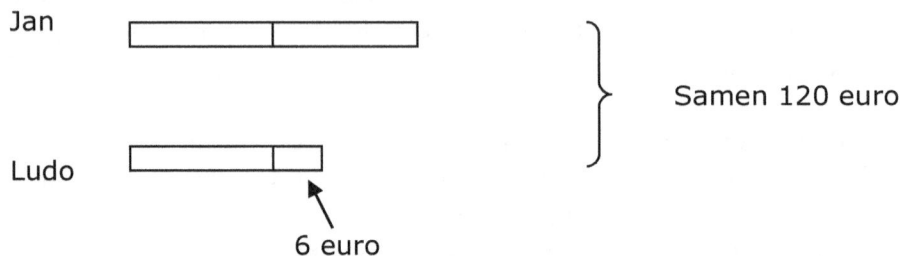

Jan

Ludo

Samen 120 euro

6 euro

Fase 2: Zoek en los op

120 euro − 6 euro = 114 euro

114 euro : 3 = 38 euro

Bedrag Ludo: 38 euro + 6 euro = 44 euro

Bedrag Jan: 38 euro + 38 euro = 76 euro

Fase 3: Controleer en antwoord

Samen hebben ze 44 euro + 76 euro = 120 euro.

Ludo heeft 6 euro meer dan de helft van het bedrag van Jan.

Antwoord: Ludo verkocht voor 44 euro lotjes en Jan voor 76 euro.

Fase 4: Reflecteer

Een schematische voorstelling bij de oplossing van dit probleem helpt om een stappenplan op te stellen. Bijkomende reflectievragen kunnen zijn:

- Heb ik een juiste oplossingsmethode gekozen?
- Kon het ook anders?
- Kan ik de opgave moeilijker maken? Een analoog probleem met drie personen in de plaats van twee; andere, moeilijkere getallen; ….

Nu reeds vestigen we er de aandacht op dat er veel problemen van leerlingen zich afspelen in stappen 2 en 3. Vaak begrijpen leerlingen niet ten volle wat het probleem inhoudt, maar laten ze zich leiden door enkele getallen en wat sleutelwoorden om in het wilde weg te beginnen rekenen (zie ook hoofdstuk 4). Als leerkracht is het dus belangrijk om voldoende tijd te steken in de analyse van het probleem.

Ook stappen 6 en 7 zijn niet te onderschatten. Na het denk- en rekenwerk, dien je je uitkomst nog juist te interpreteren om tot een antwoord te kunnen komen. Zeker als leerkracht is de controle een belangrijk aandachtspunt: vaak wordt dit over het hoofd gezien, aangezien je de oefeningen toch thuis hebt voorbereid en bijgevolg al weet dat de uitkomst juist is. Doch, het is heel belangrijk dat je deze basisattitude aanleert aan je leerlingen in de hoop dat ze dat ook later zelf zullen doen.

Kinderen groeien hierin. In deze cursus gaan we leren hoe kinderen zich ontwikkelen binnen elk van deze fasen. Niet elke fase komt altijd evenveel aan bod. Ook de manier waarop de leerkracht met de kinderen binnen een fase werkt kan erg verschillen.

Voorbeeld: het vraagstuk op verschillende manieren aanbieden

Een vraagstuk kan nagespeeld worden of mondeling of schriftelijk aangeboden.

Indien je een vraagstuk geschreven aanbiedt dan zijn er drie mogelijkheden. De kinderen krijgen elk de tekst van het vraagstuk, waarna

- De leerkracht het vraagstuk hardop leest.
- Een leerling het vraagstuk hardop leest.
- Iedereen het vraagstuk in stilte leest.

Een combinatie van deze werkwijzen is uiteraard ook mogelijk.

Het gebruik van een bepaalde vorm is meestal afhankelijk van uitwendige factoren: de tijd die we hebben, de aard van het vraagstuk, de samenstelling (niveaugroepen) van de klas, ... Belangrijk is dus om vooraf goed na te denken over welke vorm het meest gepast is.

Opmerking We zetten hier voor de duidelijkheid nog even de verschillen op een rijtje tussen een algoritme en een heuristiek:

Algoritme	Heuristiek
- vaste werkwijze	- raadgevend
- verbonden aan een specifiek probleem	- niet verbonden aan specifieke problemen
- geeft, indien correct toegepast, het juiste resultaat	- niet oplossingsgaranderend
	- verhoogt de kans op het vinden van een oplossing
- één algoritme per probleem	- voor één probleem kunnen meerdere heuristieken nodig zijn

2.2 Een overzicht van veel gebruikte heuristieken

2.2.1 Maak een schematische voorstelling

Inleiding

Bij het oplossen van problemen draait het vaak om verwerking van informatie. Een visuele voorstelling kan helpen bij het ontdekken van onderlinge verbanden tussen verschillende gegevens en leiden tot een klare kijk op de oplossing. Een schematische voorstelling kan nuttig zijn bij het oplossen van bijna elk wiskundig probleem.

Voorbeelden

(a) **Ongelijke verdeling met gegeven verhouding**

Verdeel 30 euro onder Hilde en Jo. Het deel van Hilde moet driemaal zo groot zijn als dat van Jo. Hoeveel krijgt Hilde ?

Oplossing:

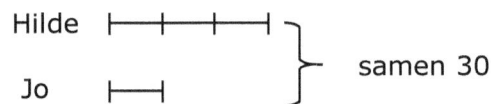

Uit de gegeven verhouding weten we dat voor ieder deel dat Jo krijgt, Hilde driemaal zoveel moet krijgen. Deze verhouding is met de tekeningen uitgedrukt. In totaal zijn er 4 gelijke delen die 30 euro waard zijn. Elk deel is dan 7,50 euro waard. Jo heeft dus 7,50 euro en Hilde 22,50 euro.

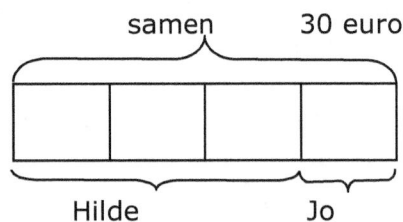

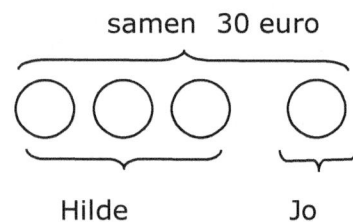

Antwoord: Hilde krijgt 22,50 euro.

(b) **Ongelijke verdeling met gegeven verschil**

Verdeel 30 euro onder Hilde en Jo. Hilde krijgt 2 euro meer dan Jo. Hoeveel krijgt Jo?

Oplossing:

Jo

Hilde   + 2

samen 30 euro

Dus : Samen   +2

30 euro

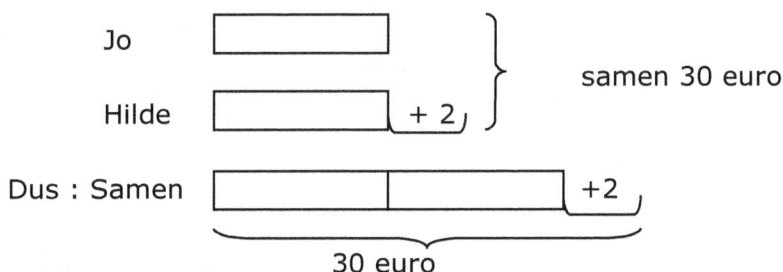

Twee delen plus 2 euro vormen samen 30 euro. Twee delen komen
dus overeen met 28 euro. Eén deel staat dan voor 14 euro. Jo heeft
14 euro en Hilde heeft 16 euro.

Antwoord: Jo krijgt 14 euro.

(c) **De modeltrein.**

Jan's modeltrein doorloopt een cirkelvormig traject. Er zijn zes
telefoonpalen naast dit parcours geplaatst op gelijke afstand. De trein
heeft 10 seconden nodig om van de eerste paal naar de derde te gaan.
In welke tijd legt de trein één volledig traject af?

(poging tot) Oplossing 1:
"De trein rijdt in 10 seconden van paal één naar paal drie, dus om drie
palen te verbinden, wat de helft van het totaal aantal palen is. In het
totaal zal de trein dus 20 seconden nodig hebben om het hele traject af
te leggen." Helaas heeft deze student geen schets gemaakt, anders had
hij wel ingezien dat zijn antwoord fout is.

Oplossing 2:
Stel het traject voor met een cirkel en duid de palen aan met streepjes.
Trek rond de cirkel een boog van paal 1 naar paal 3. Je ziet dat de trein
in 10 seconden één derde van de omtrek heeft afgelegd.

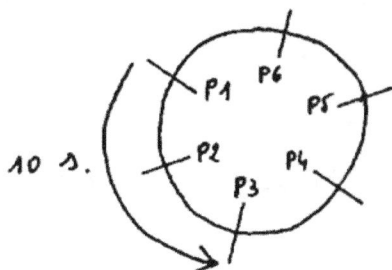

De tijd die de trein nodig heeft om één volledige omwenteling te maken
krijg je dus door 10 seconden te vermenigvuldigen met 3.

Antwoord: "De trein legt één volledig traject af in 30 seconden."

<u>Oplossing 3:</u>
Maak dezelfde schets als bij oplossing 2. Als de trein 10 seconden nodig heeft om van paal 1 naar paal 3 te rijden, dan heeft hij 5 seconden nodig om de afstand tussen twee palen te overbruggen. Omdat er 6 palen zijn heeft de trein dus 30 seconden nodig. (opm. zonder schets is de kans groot dat je de weg tussen paal 6 en paal 1 vergeet en dus op 25 seconden uitkomt.)

Opdracht

Op de onderstaande website kan je de oplossing van dit probleem door leerlingen van het zesde leerjaar bekijken. Hoe gaan deze leerlingen aan de slag? Wat is hun conclusie?

Zie http://www.grenzenverleggen.be/index.php/demolessen/demoles-pod-zesde-leerjaar-battel , onderdeel *De meerwaarde van het maken van een tekening*.

(d) **Zwembadrand.**

Karel heeft een rechthoekig zwembad van 14 meter op 40 meter. Hij wil er een rechthoekige betegeling rond maken, kwestie van er geen modderpoel van te maken bij het uitstappen. Die betegeling moet overal tot 6 meter van de rand van het zwembad komen. Wat is de oppervlakte van Karel's betegeling?

<u>Oplossing 1:</u>

Teken het zwembad en de betegeling. Duid de afmetingen van het zwembad aan. Uit deze afmetingen kan je de lengte en de breedte van de rand van de betegeling afleiden. Duid ook deze aan.

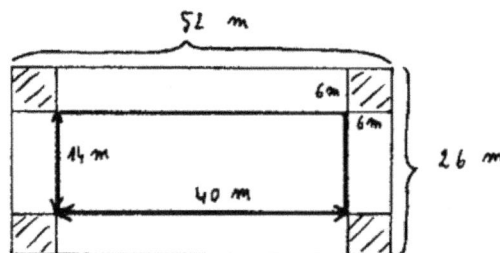

De rand wordt bepaald door twee grote rechthoeken, twee kleine rechthoeken en vier vierkanten.

Bereken de oppervlakte van één grote rechthoek: 40 m x 6 m =240 m².
Bereken de oppervlakte van één kleine rechthoek: 14 m x 6 m = 84 m².
Bereken de oppervlakte van één vierkant: 6m x 6m = 36 m².

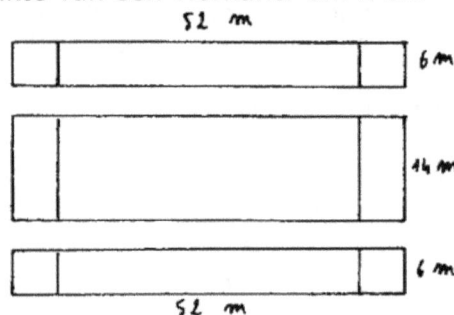

De totale oppervlakte vind je door de volgende berekening:
2 x 240 m² + 2 x 84 m² + 4 x 36 m² = 792 m².

Antwoord:
De oppervlakte van Karels betegeling is 792 m².

Oplossing 2:

Maak dezelfde schets als bij de eerste stap van oplossing 1.
Interpreteer de gezochte oppervlakte als de som van de oppervlakten
van twee lange en twee korte rechthoeken.

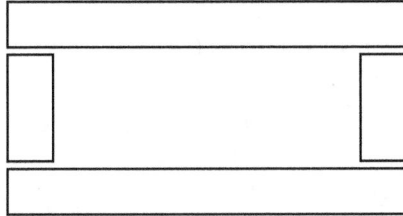

Bereken de oppervlakte van één lange rechthoek: 52 m x 6 m = 312m².
Bereken de oppervlakte van één korte rechthoek: 14 m x 6 m = 84 m².

De totale oppervlakte van de zwembadrand is dan
2 x 312 m² + 2 x 84 m² = 792 m².

Oplossing 3:

Maak weer dezelfde schets als bij stap 1 van oplossing 1.

De oppervlakte van de omranding is gelijk aan de oppervlakte van de
hele figuur min de oppervlakte van het zwembad.

Oppervlakte hele figuur: 52 m x 26 m = 1 352 m².

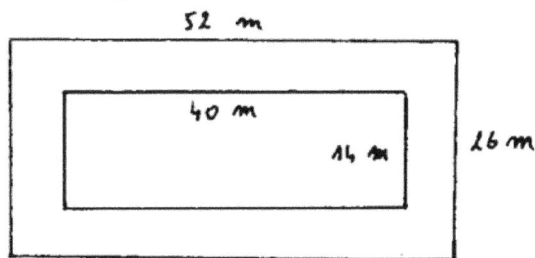

Oppervlakte zwembad: 40 m x 14 m = 560 m².
Karels betegeling heeft dus een oppervlakte van 1 352 m² - 560 m² =
792 m².

Oefeningen

a) Botsende bal.

Een verticaal botsende bal springt telkens de helft van de hoogte waarvan hij valt terug. Nu wordt de bal vanaf een hoogte van 160 centimeter losgelaten. Wat is de totale afstand die de bal heeft afgelegd vanaf het moment dat men hem laat vallen totdat hij voor de vijfde keer de grond raakt?

b) Woestijnwegen.

Ergens in de Sahara - woestijn liggen de kampen Arachnid, Feline, Canine, Lupine, Bovine en Thirtynine. Arachnid is 15 kilometer van Canine. Bovine is 12 kilometer van Lupine. Feline is 6 kilometer van Thirtynine. Lupine is 3 kilometer van Canine. Bovine is 9 kilometer van Thirtynine. Bovine is 7 kilometer van Canine. Thirtynine is 1 kilometer van Arachnid. Feline is 11 kilometer van Lupine. Er zijn geen andere kampen die via een weg met elkaar verbonden zijn.
Wat is de kortste route en afstand tussen:

a) Feline en Bovine?   b) Lupine en Thirtynine?
c) Canine en Feline?   d) Arachnid en Lupine?
e) Canine en Thirtynine?   f) Arachnid en Feline?

c) Loopwedstrijd.

Betty, Kaat, Isabel, Lea, An en Ursula hebben een 800-meter wedstrijd gelopen. An versloeg Isabel met 7 meter. Betty kwam 12 meter achter Ursula aan. An had 5 meter voorsprong op Lea maar 3 meter achterstand op Ursula. Kaat finishte halfweg de eerste en laatste persoon. In welke volgorde kwamen de dames aan? Geef de volgorde en de onderlinge afstand.

2.2.2 Verhoudingen weergeven

Inleiding

Wanneer het verband tussen de gegeven grootheden wordt uitgedrukt door een verhouding, een percent, ... kan je handig gebruik maken van o.a. een tabel waarin de onderlinge verhouding tussen de gegeven waarden en het gevraagde in verschillende tussenstappen kan genoteerd worden.

Voorbeelden

(a) Ongelijke verdeling met verhouding
    Verdeel 30 euro onder Hilde en Jo. Het deel van Hilde moet driemaal zo groot zijn als dat van Jo. Hoeveel krijgt Hilde ?

Oplossing:
We maken een verhoudingstabel van de gegeven waarden en zoeken in verschillende stappen wat is gevraagd.

Bedrag van Hilde in euro	3	15	7,5	?
Bedrag van Jo in euro	1	5	2,5	
Totaal bedrag in euro	4	20	10	30

Er kunnen en mogen verschillende tussenstappen gezet worden; de kinderen bepalen hier zelf hoe ze hun denkpatroon uitvoeren.

Antwoord: Hilde krijgt 22,50 euro.

(b) Schilderen
    Met 3 kg verf kan je 45 m² verven. Hoeveel kilogram heb je nodig om 60 m² te schilderen ?

Oplossing:

Oppervlakte in m²	45	15	60
Gewicht in kg	3	1	?

Antwoord: Om 60 m² te schilderen heb je 4 kg verf nodig.

(c) Tegelpatronen
    Bart legt tegelvloeren volgens het onderstaande patroon : rode en witte tegels

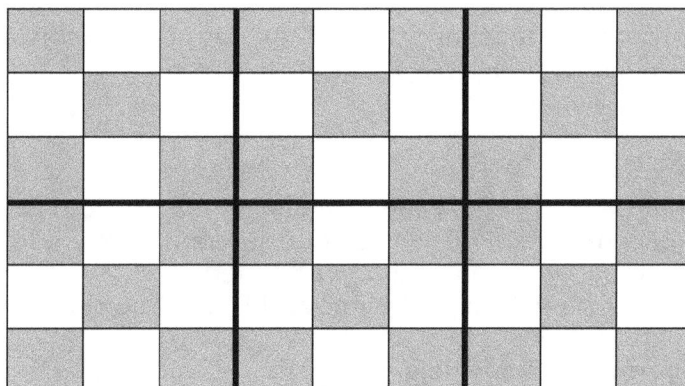

Om vooruit te kunnen, legt hij stapeltjes tegels klaar:
Een stapeltje van 9 : hoeveel rode ? En witte ?
Een stapel van 36 : Hoeveel rood ? Wit ?
Bart gebruikt 100 rode tegels in een vloer. Hoeveel tegels in totaal ?
Bart gebruikt 1080 tegels in een vloer. Hoeveel van elke kleur ?

Oplossing:

Rood								
Wit								
Stapel			36					

Vul eerst de gegeven eenvoudigste verhouding in. De hoeveelheden
witte en rode tegels komen steeds in dezelfde verhouding voor: telkens
er 5 rode tegels zijn, zijn er 4 witte tegels.
Wanneer we de verhouding van rode tegels t.o.v. witte tegels
uitdrukken met breuken, levert dit een reeks gelijkwaardige breuken
op:

$$\frac{5}{4} = \frac{10}{8} = \frac{15}{12} = \frac{20}{16}$$

(c) Pizza's verdelen
Drie pizza's verdelen onder 4 kinderen.
Hoeveel kinderen kunnen pizza eten als je vijf keer zoveel pizza's hebt?

Oplossing:
Het aantal pizza's en het aantal kinderen verhouden zich als 3 en 4.

		x 5			
aantal pizza's	3	6	9	12	15
aantal kinderen	4	8	12	16	20
		x 5			

5 keer zoveel kinderen; dan 5 keer zoveel pizza's.
De helft van het aantal pizza's, dan ook de helft van het aantal
kinderen.

Hoe is de verhoudingstabel opgebouwd? Is het noodzakelijk al de
tussenliggende waarden te berekenen?

(d) Op fietstocht
We leggen met de fiets gedurende drie uur 54 km af. Hoeveel kilometer
zullen we afgelegd hebben als we zes uur gereden hebben, in de
veronderstelling dat we even snel blijven rijden ?
Hoeveel kilometer na vier uur ? Na hoeveel tijd hebben we negen
kilometer afgelegd ?
Wat is onze gemiddelde snelheid ?

Oplossing:
We vertrekken van twee getallenassen. Op de eerste duiden we de tijd
aan. We kiezen de verdeling zo, dat we zeker 6 uur kunnen aanduiden,
en dat de verdeling zo groot mogelijk is.
Op de tweede getallenas brengen we de afstand aan.

De ijk op de twee getallenassen plaatsen we zo dat 3 uur bovenaan
gelijk valt met 54 km, de gegeven waarden.
We zoeken telkens de bijhorende waarde om de antwoorden te vinden.

Ter illustratie :
Welke afstand werd afgelegd na 6 uur ? Op de eerste getallenas zoeken
we 6 uur. 6 is het dubbele van 3.
We gaan loodrecht naar onder, tot op de tweede getallenas. Welk getal
hoort hier bij de afstand ? Het dubbele van 54. De afgelegde afstand is
dus 108 km.

Voor de andere vragen gaan we analoog te werk.

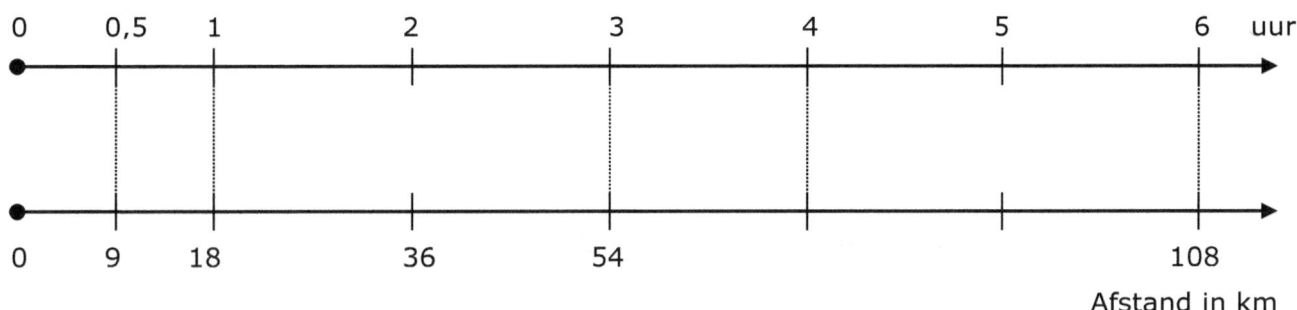

| 0 | 0,5 | 1 | 2 | 3 | 4 | 5 | 6 uur |

| 0 | 9 | 18 | 36 | 54 | | | 108 |

Afstand in km

(e) Wateruurwerk
In de tijd van Galilei (1564-1642) bestonden er wateruurwerken.
De eenheid van tijd was toen de periode waarin een emmer volledig
leegliep. In een half etmaal verbruikte zo'n wateruurwerk 16 emmers.
Vergelijk de eenheid van tijd van een wateruurwerk met de huidige
eenheid (1 uur).
Hoeveel emmers lopen leeg in één uur ?

Oplossing:
We tekenen opnieuw twee getallenassen. De te vergelijken grootheden
die we op deze assen uitzetten zijn de tijd uitgedrukt in uren enerzijds,
en het aantal emmers anderszijds.

Een half etmaal is 12 uur. Dit punt komt overeen met 16 emmers op de
tweede as.

Zoek nog andere overeenkomstige punten, zodat je kan afleiden
hoeveel tijd er verloopt gedurende het leeglopen van 1 emmer en
hoeveel emmers er in een uur leeglopen.

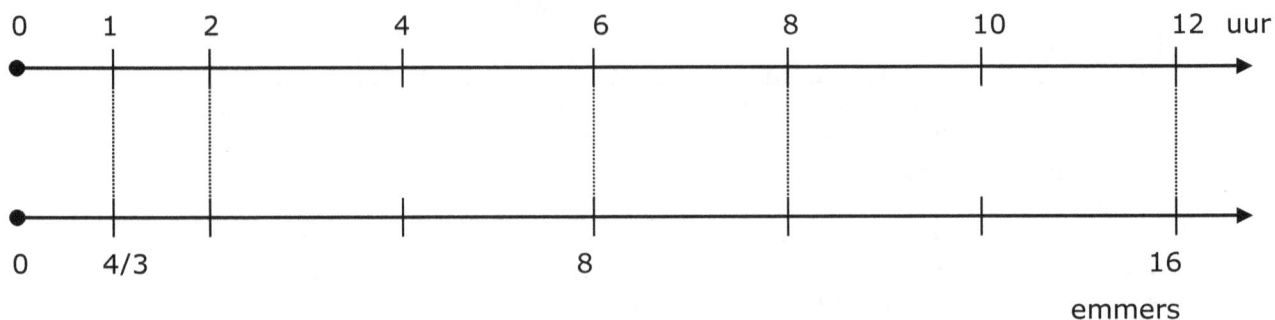

Recht evenredige gootheden

Twee grootheden zijn recht evenredig als de overeenkomstige waarden van deze twee grootheden gelijke verhoudingen vormen.

Voorbeelden :
Het aantal witte tegels is recht evenredig met het aantal rode tegels

$$\frac{4}{5} = \frac{16}{20} = \frac{8}{10}$$

Het aantal pizza's is recht evenredig met het aantal kinderen

$$\frac{3}{4} = \frac{9}{12} = \frac{12}{16}$$

Omgekeerd evenredige grootheden

Twee grootheden zijn omgekeerd evenredig als de overeenkomstige waarden van deze twee grootheden verhoudingen vormen die elkaars omgekeerde zijn.

Voorbeeld :
Je hebt 100 snoepjes. Je maakt pakjes voor een feest.
per pakje : 10 snoepjes
per pakje : 20 snoepjes.

Hoeveel pakjes kan je telkens maken ?

Aantal snoepjes per pakje	10	20
Aantal pakjes	10	5

Hoe meer snoepjes per pakje, hoe minder pakjes je kan vullen.

Het aantal snoepjes per pakje en het aantal pakjes zijn omgekeerd evenredige grootheden.

Oefeningen

a) Vul in : meer / minder. Kleur het bolletje als de relatie, in normale omstandigheden, omgekeerd evenredig is.

O Hoe meer kinderen er in een klas zijn, hoe ..... werken de leerkracht moet verbeteren

O Hoe meer fruitsap in de verpakking, hoe ....aantal verpakkingen er nodig zijn.

O Hoe meer km/uur je wandelt, hoe .... tijd je nodig hebt om de afstand af te leggen.

O Hoe meer voedsel Poesie per dag eet, hoe .... dagen de voorraad strekt.

O Hoe meer een lamp verbruikt, hoe ..... de kostprijs per uur is.

O Hoe minder machines er zijn, hoe ....tijd er nodig is om een werk af te maken.

O Hoe minder volume een marmeren blad heeft, hoe ...... gewicht het heeft.

b) Snelheid

Een auto rijdt met een gemiddelde snelheid van 90 km/uur. Welke afstand legt hij af in 15 minuten?

c) Computer

Op 4 uur tijd verbetert onze computer 4800 antwoordbladen. Hoeveel tijd is dat per antwoordblad?

d) De kip en het ei

Drie kippen leggen in twee dagen vier eieren.
Hoeveel eieren leggen zes zulke kippen in zes dagen?

e) Vogels eten

Drie vogels eten in drie seconden drie vliegen op.
Hoeveel tijd hebben honderd vogels nodig om honderd vliegen te verorberen?

2.2.3 Systematische lijsten

Inleiding

Net zoals het maken van een schets is het opstellen van een systematische lijst een manier om informatie te organiseren. Opnieuw zal je in dit hoofdstuk ontdekken dat er per probleem meer dan één voorstellingswijze mogelijk is. Het is vooral belangrijk dat je lijst een systeem bevat dat je kan uitleggen en dat dat systeem op een efficiënte manier tot de oplossing leidt.

Voorbeelden

(a) Geldsom.
Leslie kan briefjes van 5, 10 en 20 euro op zak hebben. In het totaal bezit zij 50 euro. Geef alle mogelijke manieren waarop dat totaalbedrag kan opgebouwd zijn.

oplossing 1:
Maak drie kolommen met als respectievelijke titels 20 euro, 10 euro en 5 euro.
Begin je lijst met het maximale aantal briefjes van 20 euro.
Vul hierbij eerst het maximale aantal briefjes van 10 euro bij aan.
Op een tweede rij verminder je het aantal briefjes van 10 met één en je vult aan met briefjes van 5 totdat je 50 euro krijgt.
Dan pas onderzoek je alle mogelijkheden met één briefje van 20.
Neem weer eerst zoveel mogelijk briefjes van 10 erbij.
In volgende rijen verminder je dat aantal telkens met één en je vult aan tot 50 euro met briefjes van 5. Gevallen met 0 briefjes van 20 volgen analoog.
Antwoord:

20 euro	10 euro	5 euro
2	1	0
2	0	2
1	3	0
1	2	2
1	1	4
1	0	6
0	5	0
0	4	2
0	3	4
0	2	6
0	1	8
0	0	10

oplossing 2:
Analoog als oplossing 1, maar ditmaal begin je met het maximale aantal briefjes van 5 euro en verminder je dit in elke hoofdstap met 5.

5 euro	10 euro	20 euro
10	0	0
8	1	0
6	2	0
6	0	1
4	3	0
4	1	1
2	4	0
2	2	1
2	0	2
0	5	0
0	3	1
0	1	2

(b) De nieuwe basketballiga.

Er is een nieuwe basketbalcompetitie opgericht met zeven ploegen: de Antilopen, de Beren, de Cheetahs, de Draken, de Ezels, de Flamingo's en de Geiten. Ieder team moet drie wedstrijden spelen tegen elke andere ploeg. Hoeveel wedstrijden worden er in het totaal gespeeld?

Oplossing:

Stel al de wedstrijden van de Antilopen voor. Gebruik hierbij de beginletters van de ploegen, vb. AB staat voor de wedstrijd Antilopen – Beren. Je krijgt dan de volgende lijst:

AB
AC
AD
AE
AF
AG

Doe hetzelfde voor de wedstrijden van de Beren, maar tel de Antilopen niet mee als tegenstanders (heb je daarnet al geteld).

BC
BD
BE
BF
BG

Werk je lijst analoog verder af. Je krijgt het volgende resultaat:

AB BC CD DE EF FG
AC BD CE DF EG
AD BE CF DG
AE BF CG
AF BG
AG

Tel het aantal wedstrijden en vermenigvuldig dit met 3.

Antwoord: "In deze basketballiga worden in totaal 63 wedstrijden gespeeld."

Het kan ook overzichtelijker in een tabel:

	A	B	C	D	E	F	G	aantal
A		×	×	×	×	×	×	6
B			×	×	×	×	×	5
C				×	×	×	×	4
D		Niet alle vakjes		×	×	×	3
E		invullen teneinde			×	×	2
F		dubbel tellen te				×	1
G		voorkomen.					

De aantallen in de laatste kolom tel je op en vermenigvuldig je met drie.

(c) Kistgooien.

Op het plaatselijke Chiro-feest kunnen de gasten een spelletje "kistgooien" spelen: vanop een afstand van zeven meter mogen ze drie ballen in drie kisten van verschillende grootte proberen te gooien.
Belandt de bal in de kleinste kist, dan scoort de speler 10 punten. Komt de bal in de middelgrote kist terecht, dan heeft de werper recht op 5 punten. Een worp in de grootste kist levert 1 punt op. De hoofdleider gooit zijn drie ballen zodanig dat ze alledrie in een kist terechtkomen. Hoeveel verschillende puntentotalen kan hij hiermee bereiken?

Oplossing 1:
In de hoofding van je tabel noteer je het mogelijke aantal punten van één worp en het totaal aantal punten.
Veronderstel eerst dat er drie worpen van 10 punten zijn. Dit levert een totaal van 30 punten op.
Noteer dan alle mogelijkheden waarbij er twee keer 10 punten is gescoord.
Op dezelfde manier onderzoek je de combinaties waarbij er één respectievelijk nul keer 10 punten is behaald. Dit levert de volgende lijst op:

10 punten	5 punten	1 punt	totaal
3	0	0	30
2	1	0	25
2	0	1	21
1	2	0	20
1	1	1	16
1	0	2	12
0	3	0	15
0	2	1	11
0	1	2	7
0	0	3	3

Controleer of in de kolom "totaal" bepaalde waarden niet meer dan één keer voorkomen.
Formuleer tenslotte je antwoord.
Antwoord: De hoofdleider kan 10 verschillende puntentotalen bereiken.

Oplossing 2:

Maak een lijst met als hoofdingen "worp 1", "worp 2" , "worp 3" en "totaal".

Noteer onder iedere worp het aantal punten dat kan behaald worden.

Noteer als score voor de eerste worp zo lang mogelijk 10.

Zak dan af naar waarden 5 en 1 voor de eerste kolom.

Bij deze methode hoort de volgende lijst:

worp 1	worp 2	worp 3	totaal
10	10	10	30
10	10	5	25
10	10	1	21
10	5	5	20
10	5	1	16
10	1	1	12
5	5	5	15
5	5	1	11
5	1	1	7
1	1	1	3

(d) Oppervlakte en omtrek.

Een rechthoek heeft een oppervlakte van 120 cm². Zijn lengte en breedte zijn natuurlijke getallen. Wat zijn de mogelijke lengtes en breedtes? Welke mogelijkheid geeft de kleinste omtrek?

Oplossing:

Om het eerste gedeelte van de vraag op te lossen stellen we een lijst op van alle natuurlijke getallen waarvan het product gelijk is aan 120; het kleinste getal is de breedte, het grootste de lengte:

breedte	lengte	oppervlakte
1 cm	120 cm	120 cm²
2 cm	60 cm	120 cm²
3 cm	40 cm	120 cm²
4 cm	30 cm	120 cm²
5 cm	24 cm	120 cm²
6 cm	20 cm	120 cm²
8 cm	15 cm	120 cm²
10 cm	12 cm	120 cm²

Bovenstaande lijst is volledig: de volgende mogelijke waarde voor de breedte is immers 12, wat zou leiden tot een lengte (10) die kleiner is dan de breedte.

Om het tweede gedeelte van de vraag te beantwoorden, breid je bovenstaande tabel uit met een vierde kolom:

breedte	lengte	oppervlakte	omtrek
1 cm	120 cm	120 cm²	242 cm
2 cm	60 cm	120 cm²	124 cm
3 cm	40 cm	120 cm²	86 cm
4 cm	30 cm	120 cm²	68 cm
5 cm	24 cm	120 cm²	58 cm
6 cm	20 cm	120 cm²	52 cm
8 cm	15 cm	120 cm²	46 cm
10 cm	12 cm	120 cm²	44 cm

Met behulp van deze lijst kunnen we ons besluit trekken:
Antwoord: "Een rechthoek met breedte 10 cm en lengte 12 cm levert de kleinste omtrek, namelijk 44 cm."

Het is trouwens steeds zo dat de omtrek van een rechthoek met een bepaalde oppervlakte alsmaar kleiner wordt naarmate je in de richting van een vierkant gaat (dus naarmate de lengte en de breedte dichter bij elkaar komen te liggen). Kan je hier een verklaring voor bedenken?

(e) Verplichte lectuur.
Voor het vak Nederlands moet je uit de volgende boeken er drie uitkiezen om te lezen: *Het verdriet van België*, *De geruchten*, *Zul je mij altijd graag zien?*, *Margot en de engelen*, *De kinderen van Chronos*.
Hoeveel verschillende reeksen van drie boeken kan je kiezen?

Oplossing 1:
Kort de namen af, gebruik bijvoorbeeld HVB, DG, ZAGZ, M&E, DKC.
Maak een lijst op de volgende manier:
Schrijf eerst alle mogelijke combinaties op waarbij HVB voorkomt; plaats hiervoor HVB op de eerste plaats.
Verwijder vervolgens HVB van de lijst en zet DG voorop; vul aan met keuzes uit de overige drie boeken.
Sluit DG uit: dit levert nog één extra combinatie op.
Aldus wordt de lijst:

1	HVB	DG	ZAGZ
2	HVB	DG	M&E
3	HVB	DG	DKC
4	HVB	ZAGZ	M&E
5	HVB	ZAGZ	DKC
6	HVB	M&E	DKC
7	DG	ZAGZ	M&E
8	DG	ZAGZ	DKC
9	DG	M&E	DKC
10	ZAGZ	M&E	DKC

Antwoord: "Je kan 10 verschillende reeksen van drie boeken kiezen."

Oplossing 2:
Maak een lijst met in de hoofding de titels van de verschillende boeken.
Duid verschillende combinaties met kruisjes aan:

	HVB	DG	ZAGZ	M&E	DKC
1	×	×	×		
2	×	×		×	
3	×	×			×
4	×		×	×	
5	×		×		×
6	×			×	×
7		×	×	×	
8		×	×		×
9		×		×	×
10			×	×	×

Merk op dat je ook kan werken met een boomdiagram.

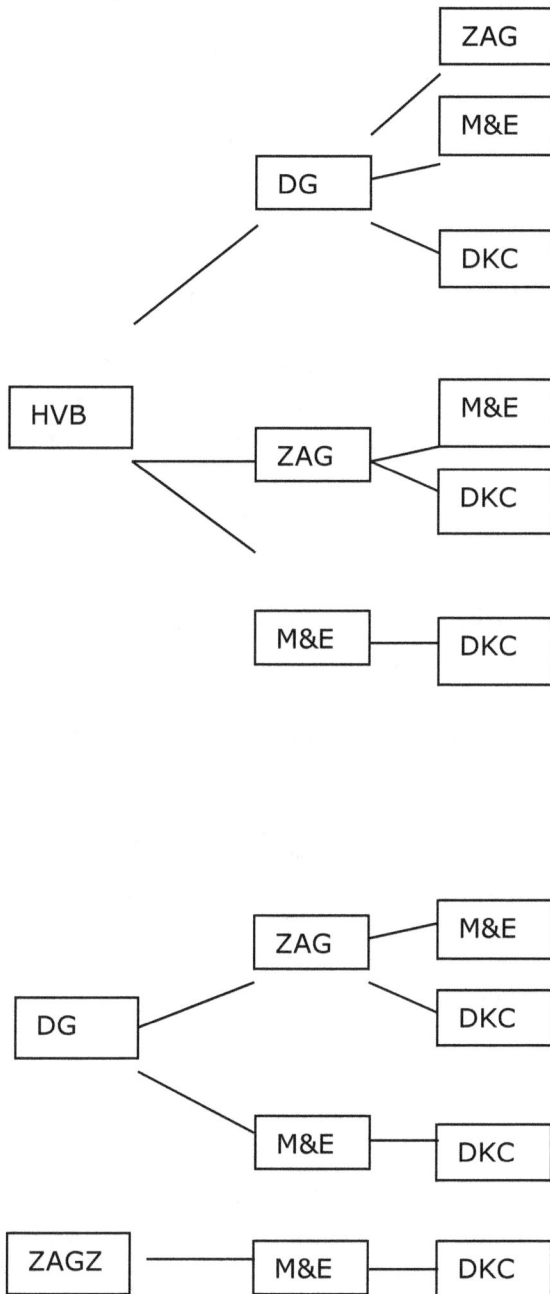

Oefeningen

a) Afbeeldingen en strips.
   Kristine wil 30 euro besteden aan stripverhalen en afbeeldingen van filmhelden. Eén stripverhaal kost 3 euro en een pakje foto's van filmsterren kost 6 euro. Schrijf alle manieren op waarop Kristine haar geld kan uitgeven aan strips en/of afbeeldingen.

b) Gratis concerttickets.
   Alex, Bart, Chris en Dave telefoneren elk naar Studio Brussel voor gratis tickets voor Torhout/Werchter. Stel een lijst op van alle mogelijke volgorden waarin hun telefoontjes kunnen binnenkomen.

c) Geld wisselen.
   Op hoeveel manieren kan je een briefje van 100 euro omwisselen in briefjes van 50, 20 en 10 euro?

2.2.4 Probeer verstandig uit

Inleiding

"Probeer verstandig uit en stuur gericht bij" of "Gok en verifieer" is een heuristiek die door veel leerkrachten argwanend wordt bekeken. Nochtans is dit een krachtige methode, mits ze oordeelkundig wordt toegepast. Gokken kan iedereen, een antwoord controleren ook. Het is de kunst beide technieken aan elkaar te knopen. We geven je een mogelijke werkwijze in 5 stappen:

   Doe een gok (als het kan beredeneerd).
   Verifieer of je gok juist is.
   Evalueer je gok(ken): in welke richting moet je je gok veranderen om dichter bij de oplossing te komen?
   Gok opnieuw.
   Bij een correcte gok: herlees de vraag en formuleer het antwoord.

Nog enkele tips:
Om een gok te kunnen evalueren heb je een goed overzicht van de reeds gedane pogingen nodig. Een systematische lijst kan hierbij helpen.
Als je echt helemaal strop geraakt, begin je best opnieuw, met een andere lijst.
Begin met kleine getallen en ga daarna over naar grotere.

Voorbeelden

(a) *Rommelmarkt.*
   Sofie verkoopt op een rommelmarkt wat oud speelgoed. Iedere klant betaalt met één stuk van 2 euro, een goed onderhandelaar echter kan betalen met één muntstuk van 1 euro. Een andere betalingsmanier is niet mogelijk. 's Avonds is Sofie al haar 12 stukken speelgoed kwijt, maar ook 20 euro rijker. Hoeveel muntstukken van 1 euro en hoeveel stukken van 2 euro heeft de verkoop haar opgeleverd?

<u>Oplossing:</u>

Begin met een willekeurige gok. Veronderstel bijvoorbeeld dat Sofie 5 stukken van 2 euro heeft. Druk dit uit in een tabel:

2 euro
5

Verifieer of de gok juist is. Hiervoor moet je wel nog wat werk verrichten:

* Omdat Sofie in het totaal 12 stukken heeft verkocht, moet het aantal muntstukken gelijk zijn aan 12. Dit levert 7 muntstukken van 1 euro op.

2 euro	1 euro
5	7

* Druk de geldwaarde van het gegokte aantal muntstukken-stukken uit.

2 euro	1 euro	waarde € 2-munten	waarde € 1-munten
5	7	10 euro	7 euro

* Verbeter bovenstaande lijst nogmaals door in een extra kolom de totale winst uit te drukken.

2 euro	1 euro	waarde € 2-munten	waarde € 1-munten	totale waarde
5	7	10 euro	7 euro	17 euro

* De gok is dus niet correct.

Evalueer je gok. Om te weten in welke richting je volgende gok moet veranderen, vergelijk je de totale winst met de winst die Sofie had. Het bedrag dat we door te gokken hebben samengesteld is te laag. We noteren deze evaluatie in de tabel.

2 euro	1 euro	waarde € 2-munten	waarde € 1-munten	totale waarde	Evaluatie tot. waarde
5	7	10 euro	7 euro	17 euro	te laag

Doe een nieuwe gok. Omdat onze vorige gok tot een te lage totale waarde leidde, moeten we het aantal stukken van 2 euro verhogen. Stel bv. dat Sofie 6 stukken van 2 euro had en vul een nieuwe rij in.

2 euro	1 euro	waarde € 2- munten	waarde € 1- munten	totale waarde	Evaluatie tot. waarde
5	7	10 euro	7 euro	17 euro	te laag
6	6	12 euro	6 euro	18 euro	nog te laag

Ook deze gok is niet correct, het totaalbedrag is nog te laag. Bij een volgende gok moeten we dus nog meer dan 6 stukken van 2 euro gebruiken, bijvoorbeeld 8.

2 euro	1 euro	waarde € 2- munten	waarde € 1- munten	totale waarde	Evaluatie tot. waarde
5	7	10 euro	7 euro	17 euro	te laag
6	6	12 euro	6 euro	18 euro	te laag
8	4	16 euro	4 euro	20 euro	correct

Dat de eerste gok niet correct zou zijn, had je kunnen voorspellen. Als de totale waarde 20 euro is, moet je immers een even aantal keer 1 euro hebben.

◊ Lees de vraag opnieuw en formuleer dan je <u>antwoord</u>:

"'s Avonds heeft Sofie 8 muntstukken van 2 euro en 4 muntstukken van 1 euro."

(b) Boer Bram.
Boer Bram kweekt koeien en eenden. Hij heeft in het totaal 54 dieren met 122 poten. Hoeveel eenden en hoeveel koeien heeft boer Bram?

<u>Oplossing 1:</u>
Zie hier een mogelijke systematische voorstelling en enkele mogelijke gokken:

eenden	eendenpoten	koeien	koeienpoten	aantal poten (tot.)	Evaluatie
20	40	34	136	179	te veel
10	20	44	176	196	te veel
40	80	14	56	136	te veel
50	100	4	16	116	te weinig

Bespreking tabel:

* Bij rij 2 krijg je een groter resultaat dan bij rij één, waarbij de gok ook al te hoog gegrepen was. Je gokken evolueert dus in de verkeerde richting.
* Uit de laatste twee rijen kan je concluderen dat het totale aantal eenden tussen de 40 en de 50 moet liggen: 40 eenden geeft immers te veel en 50 eenden te weinig poten.

Ga verder met gokken en verifiëren, rekening houdend met voorgaande opmerkingen.

eenden	eendenpoten	koeien	koeienpoten	aantal poten (tot.)	Evaluatie
20	40	34	136	179	te veel
10	20	44	176	196	te veel
40	80	14	56	136	te veel
50	100	4	16	116	te weinig
45	90	9	36	126	te weinig
47	94	7	28	122	correct

Antwoord: "Boer Bram heeft 47 eenden en 7 koeien."

Oplossing 2:
Je kan ook met een andere volgorde van kolommen werken, bijvoorbeeld:

eenden	eendenpoten	koeienpoten	koeien	aantal dieren	Evaluatie
20	40				

Omdat je een totaal van 122 poten hebt, moet je 82 koeienpoten hebben. Je kan dan de rest van de tabel aanvullen. Bij de evaluatie vergelijk je het aantal dieren met het totaal dat je moet bekomen (54).

eenden	eendenpoten	koeienpoten	koeien	aantal dieren	Evaluatie
20	40	82	20,5	40,5	te weinig

Opmerking: Deze oplossingen illustreren dat je gebruik kan maken van verschillende soorten tabellen. Kies er één die je ligt!

Oplossing 3:
Een derde mogelijkheid is om er van uit te gaan dat alle dieren eenden zijn. Als je 54 eenden hebt, heb je 108 poten. Je hebt 122 poten nodig, bijgevolg kom je er 14 tekort. Telkens je één eend inwisselt voor een koe, komen er 2 poten bij. Dus moet je 7 eenden inwisselen voor koeien.

(c) Feest!
Freddy was nerveus. Vanavond was de openings-td van zijn nieuwe studentenclub. Op zoek naar romantiek trok hij naar de feestzaal. Helaas was hij nog maar net op de fuif aangekomen of er vertrokken al 20 meisjes. Nu waren er voor elk meisje twee jongens aanwezig. Verdorie, zoveel concurrentie! Gelukkig was hij niet de enige misnoegde aanwezige: 20 jongens ontvluchtten immers, diep ontgoocheld door het gebrek aan vrouwelijke belangstelling, het feestgewoel. Nu waren er drie meisjes voor elke jongen. Als dat geen perspectieven bood! Hoeveel jongens en meisjes waren er op de td toen Freddy aankwam?

Oplossing:
Er zijn drie verschillende tijdsmomenten in deze opgave vermeld: de start, het midden (waarbij er dubbel zoveel jongens als meisjes zijn) en het einde (met drie keer zoveel meisjes als jongens). Het is handig als je eerst gokt hoeveel jongens en meisjes er tussendoor aanwezig waren, en vertrekkende van deze gegevens de andere informatie uit onderstaande tabel invult.

start		midden		einde	
jongens	meisjes	jongens	meisjes	jongens	meisjes
50	45	**50**	**25**	30	25

Zoek zolang tot de eindverhouding jongens - meisjes gelijk is aan 1/3.

start		midden		einde		eindverhouding
jongens	meisjes	jongens	meisjes	jongens	meisjes	jongens / meisjes
50	45	50	25	30	25	6 / 5
60	50	60	30	40	30	4 / 3
30	35	30	15	10	15	2 / 3
20	30	20	10	0	10	0 / 1
		25	12,5			
26	33	26	13	6	13	6 / 13
24	32	24	12	4	12	1 / 3

<u>Antwoord:</u> 'Er waren 24 jongens op het feestje toen Freddy aankwam (hijzelf inbegrepen)."

Nog een woordje over evaluatie: na poging 2 zie je dat de eindverhouding verder verwijderd is van 1/3 dan bij poging 1, er waren dus minder dan 50 jongens aanwezig. Gok 3 en 4 leren je dat je antwoord zich tussen de 20 en 30 jongens situeert.

Oefeningen

a) Nieuw contract.
   Een voetballer onderhandelt met zijn club over een nieuw contract. Hij wil 35 000 euro per jaar verdienen en dan nog eens 90 euro per wedstrijd die hij meespeelt. Zijn club stelt hem een bedrag van 30 000 euro voor en 250 euro per gespeelde wedstrijd. Hoeveel wedstrijden moet de voetballer meespelen opdat het aanbod van de club voor hem voordeliger is?

b) Wanted: getal.
   Als je een getal van twee cijfers optelt bij het getal dat je bekomt door die twee cijfers om te wisselen, dan krijg je als som 132. Wat is dat getal?

c) Postzegels.

Karel plakt voor 6,10 euro postzegels op een pakketje dat hij naar zijn zus wil opsturen. Hij gebruikt hiervoor alleen postzegels van 0,42 en 0,79 euro. Hoeveel postzegels van elke soort heeft hij nodig?

2.2.5 Opsplitsen in deelproblemen

Inleiding

In de vorige voorbeelden behandelden we enkele hulpmiddelen om gegevens op een handige manier voor te stellen. Na een herorganisatie van de in de opgave aangeboden informatie was de oplossing meestal tamelijk duidelijk.

In de volgende paragrafen maken we kennis met strategieën waarbij we oefeningen proberen op te lossen door subdoelen na te streven. Via goed gekozen subdoelen, passend in een globaal plan, kunnen we een antwoord vinden op ingewikkeldere vragen.

Concreet: bij de heuristiek "deelproblemen" splitsen we een groter probleem op in eenvoudigere problemen, die we in een geschikte volgorde noteren in een globaal plan. De oplossingen van deze deelproblemen leiden dan tot de oplossing van de globale oefening.

Deze heuristiek wordt in wiskunde zeer vaak toegepast zonder hem expliciet uit te werken of te vermelden. Enkele argumenten om je te motiveren om dit toch te doen: zonder plan kan je het gevoel krijgen dat je niet weet hoe een probleem aan te pakken, door opgaven systematisch te ontleden en planmatig aan te pakken behoud je het overzicht en leer je ook moeilijkere oefeningen aan te pakken.

Voorbeelden

(a) Motoraankoop.

Paul is jaloers op de nieuwe motor van zijn vriendin Bea en wil net hetzelfde voertuig aanschaffen. Bea had 30% korting gekregen op de in de garage uitgestalde prijs van 4 000 euro. De verkoper biedt Paul echter slechts een korting van 20% aan. Na protest van Paul wil hij de nieuwe prijs nog verminderen met 10%. Betaalt Paul uiteindelijk dezelfde prijs als Bea?

Oplossing 1:
Opsplitsing probleem in deelproblemen:

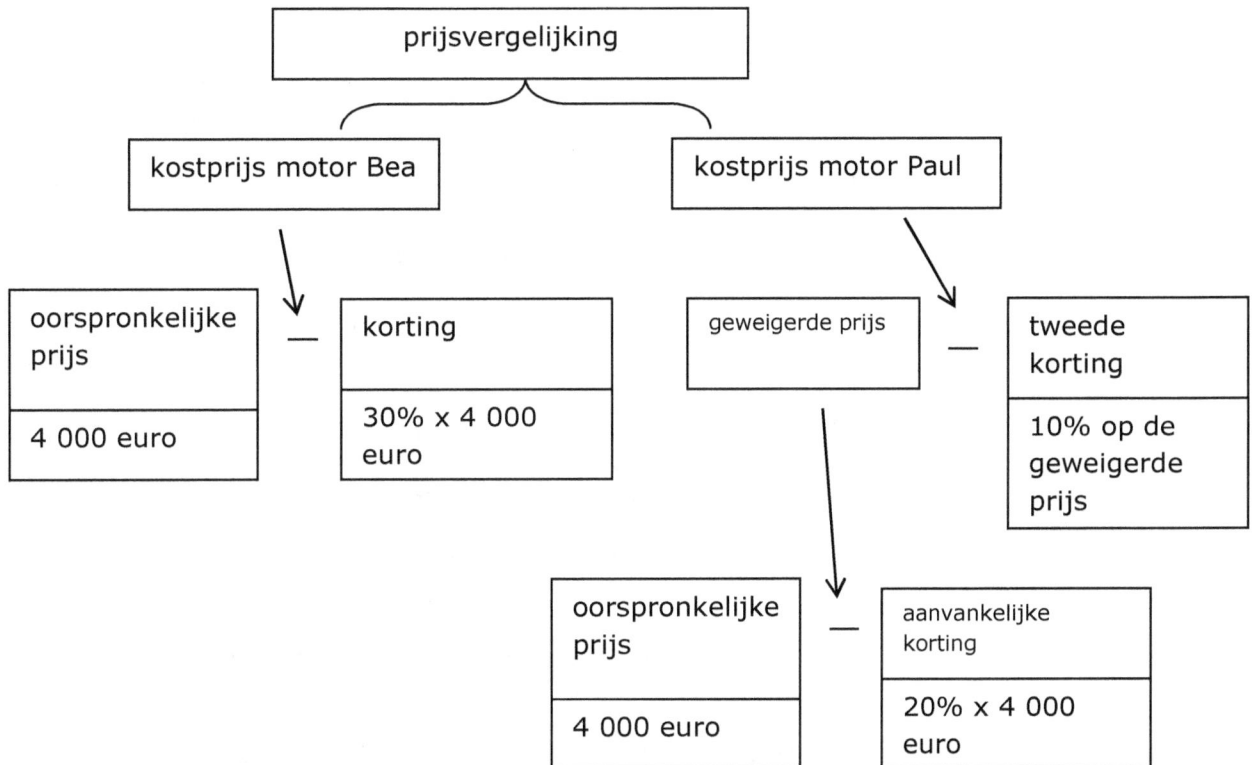

```
                    ┌─────────────────────┐
                    │   prijsvergelijking  │
                    └─────────────────────┘
                           /        \
          ┌──────────────────┐   ┌──────────────────┐
          │ kostprijs motor  │   │ kostprijs motor  │
          │      Bea         │   │      Paul        │
          └──────────────────┘   └──────────────────┘
```

oorspronkelijke prijs		korting
4 000 euro	−	30% x 4 000 euro

geweigerde prijs		tweede korting
	−	10% op de geweigerde prijs

oorspronkelijke prijs		aanvankelijke korting
4 000 euro	−	20% x 4 000 euro

Wat is 30% van 4 000 euro?
Hoeveel betaalde Bea voor haar motor?
Wat is 20% van 4 000 euro?
Wat is de prijs waartegen Paul protesteert?
Wat is 10% van de nieuwe prijs?
Wat is de uiteindelijke prijs die Paul moet betalen?
Wie betaalt het meest?

Oplossingen deelproblemen:
30% van 4 000 euro = 1 200 euro.
Bea betaalde 2 800 euro.
20% van 4 000 euro = 800 euro.
Paul wenst geen 3 200 euro te betalen.
10 % van 3 200 euro = 320 euro.
Paul betaalt uiteindelijk 2 880 euro.
Paul betaalt 80 euro meer dan Bea.

Antwoord:
"Bea krijgt betere voorwaarden dan Paul. Zij betaalt 80 euro minder."

Opmerking:
Het is niet zo eenvoudig om onmiddellijk tot bovenstaande set van deelproblemen te komen. Vaak is het makkelijker om de onderverdeling in deelproblemen gradueel aan te pakken. We illustreren dit bij oplossing 2.

Oplossing 2:
Opsplitsing probleem in deelproblemen, eerste versie:

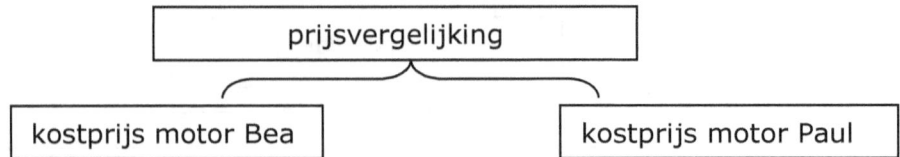

Wat is de prijs die Bea betaalde?
Welke prijs betaalt Paul?
Wie heeft uiteindelijk de beste deal gesloten?

Verfijning van de deelproblemen (zie schema bij oplossing 1):

1. Wat is de prijs die Bea betaalde?
   a) Wat is 30% van 4 000 euro?
   b) Hoeveel betaalde Bea voor haar motor?
2. Welke prijs betaalt Paul?
   a) Wat is de prijs van Paul na de eerste korting?
      ❖ Wat is 20% van 4 000 euro?
      ❖ Welke prijs stelt de verkoper dus voor?
   2. Wat is de prijs van Paul na de tweede korting?
      ❖ Wat is 10% van 3 200 euro?
      ❖ Welke prijs moet Paul dus betalen?
3. Wie heeft uiteindelijk de beste deal gesloten?

Je kan het probleem ook als volgt oplossen:

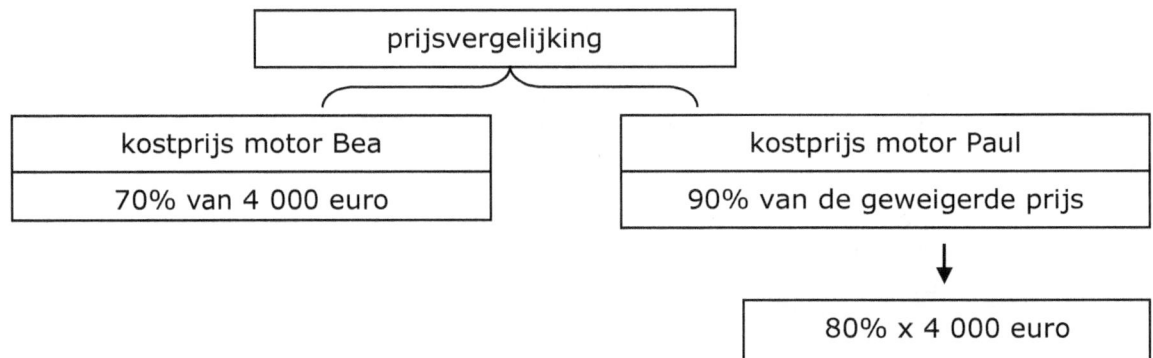

(b) De lift.
In een lift is er plaats voor 20 kinderen of 15 volwassenen. Als er al 12 kinderen in de lift staan, hoeveel volwassenen kunnen er dan nog bij?

Oplossing:

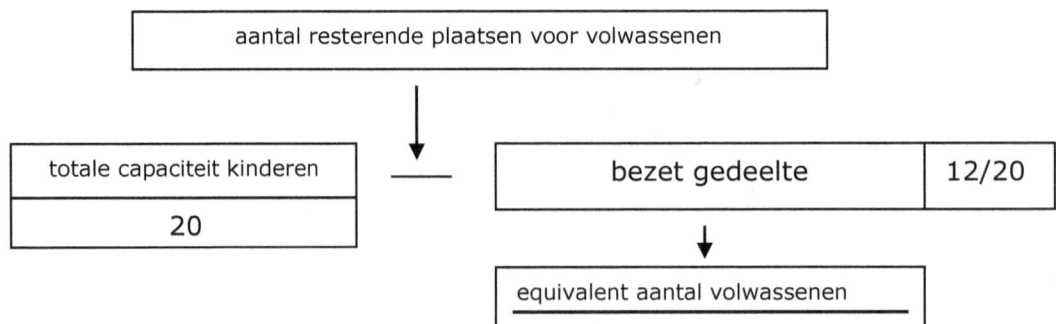

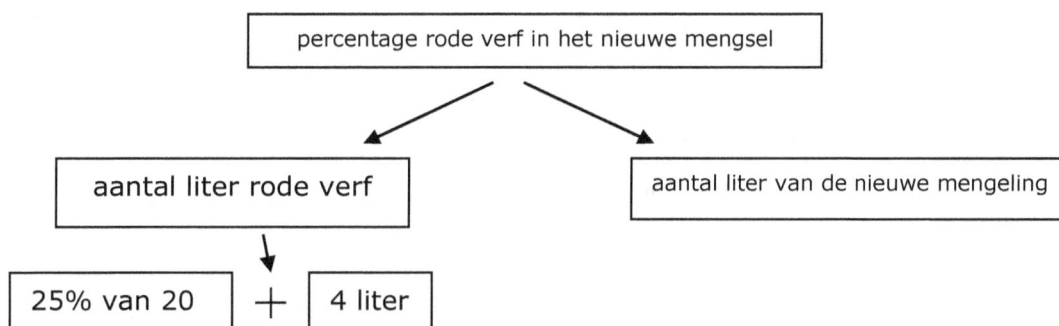

Opsplitsing in deelproblemen:

1. Hoeveel volwassenen zijn gelijkwaardig met één kind?
2. Hoeveel kinderen kunnen er nog bij in de lift?
3. Met hoeveel volwassenen komt dit overeen?

Oplossingen deelproblemen:

1. Eén kind komt overeen met 15/20 of ¾ volwassene.
2. Er is nog plaats voor 8 kinderen.
3. 8 kinderen nemen dezelfde plaats in als 8 x ¾ = 6 volwassenen.

<u>Antwoord:</u> "Er kunnen nog 6 volwassenen mee in de lift."

(c) Verf.
Veerle heeft een verfmengsel gemaakt. Dit mengsel van 20 liter bestaat voor 25% uit rode verf, voor 30% uit gele verf en voor 45% uit water. Omdat de kleur haar nog niet bevalt voegt ze er nog vier liter rode verf bij. Wat is het percentage rode verf dat in het nieuwe mengsel aanwezig is?

<u>Oplossing:</u>

percentage rode verf in het nieuwe mengsel

aantal liter rode verf

aantal liter van de nieuwe mengeling

25% van 20 + 4 liter

Opsplitsing in deelproblemen:
We zoeken de verhouding van de hoeveelheid rode verf t.o.v. de totale hoeveelheid verf. Dit levert ons de volgende deelproblemen op:
1. Hoeveel liter rode verf zit er in de nieuwe mengeling?
2. Hoeveel liter verf zit er in de nieuwe mengeling?
3. Welk percentage van het nieuwe mengsel is rode verf?

Verfijning:

1. Hoeveel liter rode verf zit er in de nieuwe mengeling?
   a) Hoeveel liter verf bevat de oorspronkelijke mengeling?
   b) Hoeveel liter rode verf bevat de nieuwe mengeling?
2. Hoeveel liter verf zit er in de nieuwe mengeling?
3. Welk percentage van het nieuwe mengsel is rode verf?

Oplossingen deelproblemen:

1.a)   5 liter.
1.b)   9 liter.
2. 24 liter

3. 9/24 = 0,375; dit wil zeggen 37,5 % rode verf.

Antwoord: 37,5% van het nieuwe mengsel bestaat uit rode verf.

Oefeningen

a) Toetsgemiddelde.
Meester Danny heeft 40 leerlingen in zijn klas, juffrouw Denise heeft er 20. Op een toets behalen de leerlingen van meester Danny gemiddeld 96%, terwijl het klasgemiddelde bij juffrouw Denise 90% is. Wat is het totale gemiddelde van beide klassen voor deze toets?

b) Auto-uitstap.
Als je tegen een snelheid van 60 km per uur rijdt, heb je 3 uren nodig om in Kortrijk te geraken. Met hoeveel minuten verlengt de autorit als je tegen een snelheid van 50 km per uur rijdt?

2.2.6 Los een eenvoudiger, verwant probleem op

Inleiding

Als een probleem te moeilijk is om op te lossen, kan de oplossing van een gemakkelijkere oefening vaak inspiratie opleveren om de oorspronkelijke opgave tot een goed einde te brengen. Deze nieuwe oefening moet dan natuurlijk wel iets te maken hebben met de oorspronkelijke opgave: ze moet verwant zijn. Enkele methoden om zo'n gemakkelijker, verwant probleem op te stellen zijn de volgende:

1. Vervang moeilijke getallen in de opgave door kleinere of gemakkelijkere getallen, zodat je je meer kan concentreren op de eigenlijke oplossingsmethode.
2. Los een speciaal voorbeeld op (ev. meerdere) en probeer een veralgemeenbaar patroon te ontdekken.
3. Verander enkele gegevens, herformuleer ze of laat ze voorlopig weg.
4. Elimineer overbodige gegevens.

Voorbeelden

(a) Verkiezingen
De gemeentesecretaris van de hoofdstad van de Kempen bereidt de komende verkiezingen voor. Er zijn 29 mandaten beschikbaar. Bij de laatste verkiezingen waren er 28 311 kiezers, die 18 954 gezinnen vertegenwoordigden. Deze kiezers konden hun stem uitbrengen in 14 verschillende kieshokjes. Nu zijn er 34 892 stemgerechtigden. Hoeveel kieshokjes moet de gemeentesecretaris voorzien opdat de mensen minstens even vlot hun stem kunnen uitbrengen als bij de vorige verkiezingen?

Oplossing:
1. *Vervang moeilijke getallen in de opgave door kleinere of gemakkelijkere getallen, zodat je je meer kan concentreren op de eigenlijke oplossingsmethode.*

Herformulering:
De gemeentesecretaris van de hoofdstad van de Kempen bereidt de komende verkiezingen voor. Er zijn 30 mandaten beschikbaar. Bij de laatste verkiezingen waren er 30 000 kiezers, die 20 000 gezinnen vertegenwoordigden. Deze kiezers konden hun stem uitbrengen in 15 verschillende kieshokjes. Nu zijn er 35 000 stemgerechtigden. Hoeveel kieshokjes moet de gemeentesecretaris voorzien opdat de mensen minstens even volt hun stem kunnen uitbrengen als bij de vorige verkiezingen?

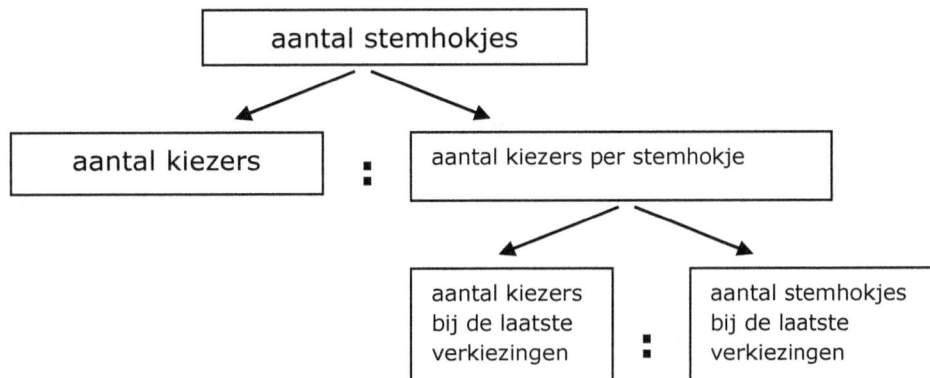

2. *Elimineer overbodige gegevens.*

Uit het schema kan je afleiden welke gegevens je nodig hebt en welke niet. Je kan het probleem nu herformuleren zonder overbodige gegevens:

De gemeentesecretaris van de hoofdstad van de Kempen bereidt de komende verkiezingen voor. Bij de laatste verkiezingen waren er 30 000 kiezers. Deze kiezers konden hun stem uitbrengen in 15 verschillende stemhokjes. Nu zijn er 35 000 stemgerechtigden. Hoeveel kieshokjes moet de gemeentesecretaris voorzien opdat de mensen even vlot hun stem kunnen uitbrengen als bij de vorige verkiezingen?

Oplossing van dit probleem:

Aantal kiezers per stemhokje bij vorige verkiezingen: 30 000 : 15 = 2000

Aantal stemhokjes nodig voor de komende verkiezingen: 35 000 : 2000 = 17,5

Oplossing eigenlijke probleem:

Aantal kiezers per stemhokje bij vorige verkiezingen: 28 311 : 14 = 2022,3

Aantal stemhokjes nodig voor de komende verkiezingen: 34 892 : 2022,3 = 17,25

Antwoord: De gemeentesecretaris moet 18 kieshokjes voorzien.

Bij dit probleem is het helemaal niet nodig met de exacte waarden te rekenen. De uitkomst is dezelfde als je rekent met de afgeronde waarden. Het is de kunst uit te maken wanneer dit het geval is en in welke mate je mag afronden en of je moet compenseren of niet. Dit is een belangrijke vaardigheid die oefening vergt.

Opmerking: In de oplossingsmethode wordt gewerkt met afgeronde getallen. Hiermee worden schattingen en berekeningen eenvoudiger. Zie ook in de cursus van natuurlijke getallen en bij basiskennis.

(b) *Som van één tot honderd.*
   Meester Danny heeft vandaag niet zo veel zin om de leerlingen van het derde leerjaar bezig te houden. Dus geeft hij hen maar een oefening waar ze ongetwijfeld een heel tijdje mee zoet zullen zijn: hoeveel is de som van de eerste honderd natuurlijke getallen verschillend van 0? Is er toch niet eentje die na 4 minuten de oplossing al gevonden heeft, zeker?! Welke werkwijze kan deze leerling gevolgd hebben, en waaraan is deze som gelijk? Het gebruik van een zakrekenmachine is verboden.

Oplossing:

2. Los een speciaal voorbeeld op en probeer een veralgemeenbaar patroon te ontdekken.

Voorbeeld: wat is de som van de eerste 10 van 0 verschillende natuurlijke getallen?

1+2+3+4+5+6+7+8+9+10 = ?

We kunnen hierin een patroon ontdekken:

1+10 = 11, 2+9 = 11, 3+8 = 11, enz. ...

Bijgevolg: 1+2+3+4+5+6+7+8+9+10 = 5x11 = 55

Oplossing eigenlijke probleem:

   ❖   1+100 = 101, 2+99 = 101, 3+98 = 101, enz. ...
   ❖   Bijgevolg: 1+2+3+4+....+99+100 = 50 x 101 = 5050

Antwoord: De gevraagde som is 5050.

(c) *Erfenis.*
   India, het land van de heilige koeien. Een oude dame is net overleden, haar testament wordt voorgelezen. Ze wenst dat de helft van haar koeien geschonken wordt aan haar oudste zoon. De tweede zoon heeft recht op één-derde van de koeien, de derde mag één-negende van de heilige dieren mee naar huis nemen. Toen de dame stierf, bezat ze 17 koeien. Hoe moeten deze dieren verdeeld worden?

Oplossing:

3. Verander enkele voorwaarden, herformuleer ze of laat ze voorlopig weg.

We vervangen in de opgave het aantal koeien door een gemeenschappelijk veelvoud van 2, 3 en 9, bijvoorbeeld 18. Het nieuwe probleem wordt dan:

India, het land van de heilige koeien. Een oude dame is net overleden, haar laatste wil wordt voorgelezen. Ze wenst dat de helft van haar koeien geschonken wordt aan haar oudste zoon. De tweede zoon heeft recht op één-derde van de koeien, de derde mag één-negende van de heilige dieren mee naar huis nemen. Toen de dame stierf, bezat ze 18 koeien. Hoe moeten deze dieren verdeeld worden?

De helft van 18 is 9, een derde van 18 is 6, een negende van 18 is 2.

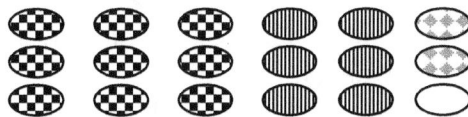

◊   Oplossing eigenlijke probleem:

9+6+2=17, bovenstaande oplossing is dus ook geldig voor ons oorspronkelijke probleem (de broers zullen er wel geen moeite mee hebben dat iedereen een beetje te veel krijgt, zeker?).

◊   Antwoord: "De oudste broer krijgt 9 koeien, de tweede oudste 6 en de jongste 2 koeien."

Oefeningen

a) Legercorvee
   Wachtmeester Jan van de Vierde Compagnie Ravitaillering en Transport is verantwoordelijk voor het klaarmaken van de maaltijden van zijn eenheid. Normaal heeft hij 85 kg aardappelen nodig voor de 358 leden van zijn Compagnie. Elke dag duidt hij drie soldaten aan om die aardappelen te schillen, een karwei waar de soldaten net iets minder dan 2 uur mee bezig zijn. Vandaag zijn er echter Compagniefeesten, zodat er vanavond om 17u30 voor 817 mensen een maaltijd moet voorzien zijn. Jan heeft al 131 kg aardappelen ter beschikking. Hoeveel kg moet hij bijbestellen om alle hongerige magen te kunnen voeden? En hoeveel soldaten moeten elk 2 uur schillen om die berg aardappelen kookklaar te krijgen?

b) Selectie

Een provinciale selectieheer krijgt van de bondsinstanties de opdracht om 25 talentvolle jonge voetballers te selecteren voor een oefenkamp. De helft van deze spelertjes moeten middenvelders zijn, één vierde verdedigers, één zesde aanvallers en één achtste keepers. Hoeveel keepers, verdedigers, middenvelders respectievelijk aanvallers zal de verantwoordelijke selecteren?

c) Even en oneven.

Zoek het verschil tussen de som van de eerste 500 even getallen en de som van de eerste 500 oneven getallen, 0 niet meegerekend.

2.2.7 Werk omgekeerd

Inleiding

Heel wat problemen worden in het dagelijkse leven van achteren naar voren opgelost. Deze aanpak waarbij men problemen op een heel andere manier bekijkt, door te vertrekken van het eindresultaat, noemt men "omgekeerd werken". In deze paragraaf oefenen we deze belangrijke heuristiek in. De zoektocht naar "omgekeerde bewerkingen" en "omgekeerde volgorden" is hierbij essentieel.

Voorbeelden

(a) Getalraadsel

Beschouw een getal tussen 1 en 10. Als je dat getal vermenigvuldigt met 4 en dan 3 aftrekt, heb je 25. Wat is dat oorspronkelijke getal?

Oplossing:

◊ Het begingetal wordt op de volgende manier gemanipuleerd:
a) Vermenigvuldiging met 4.
b) 3 aftrekken.
c) Dit levert 25 op.

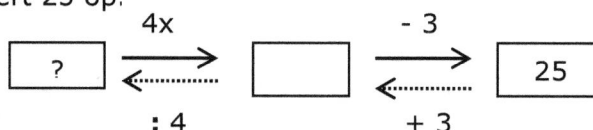

$$\boxed{?} \quad \underset{:4}{\overset{4x}{\rightleftarrows}} \quad \boxed{} \quad \underset{+3}{\overset{-3}{\rightleftarrows}} \quad \boxed{25}$$

◊ We keren de volgorde van deze manipulaties om en voeren tegelijkertijd de inverse bewerking uit (zie pijlen met stippellijn in het schema):

Bewerking:	getal
c) Eindresultaat:	25
b) 3 optellen.	28
a) delen door 4	7

◊ Antwoord: "Het oorspronkelijke getal is 7".

b) Vermoeide studenten
Eén meer dan de helft van een groep studenten maakt een uitstap naar de "Night of the Proms", de rest kruipt braafjes op tijd onder de wol. De volgende morgen zitten 13 studenten van deze groep doodmoe op de schoolbanken. Uit hoeveel studenten bestaat deze groep? (in de veronderstelling dat de brave studenten niet doodmoe zijn en al diegenen die naar de "Proms" zijn geweest wel)

Oplossing:

Met het aantal studenten van de groep gebeurt het volgende:
   a) Neem de helft.
   b) Tel er één bij op.
   c) Het eindresultaat is 13.

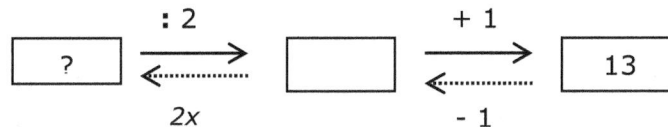

◊ We keren om (pijlen met stippellijn van rechts naar links):

Bewerking:	Aantal studenten
c) Eindresultaat:	13
b) Trek er één vanaf.	12
a) Verdubbel.	24

◊ Antwoord: "De groep bestaat uit 24 studenten."

Opmerking: Je kan de oplossing controleren door de oefening nog eens uit te voeren van voor naar achteren.

c) Adellijke erfenis
Baron Jacques Moreau de Bellaing de Wouters d' Oplinter is net overleden. Zijn notaris leest de verdeling van zijn bezittingen voor: de helft van zijn rijkdom is voor zijn echtgenote, 750 000 euro voor dochterlief, de helft van wat nog overblijft voor de butler, een derde van het dan nog resterende bedrag voor de plaatselijke tennisclub en de laatste, nog resterende 200 000 euro voor Amnesty International. Hoeveel geld bezat de baron?

<u>Oplossing:</u>

We bieden hier een andere manier aan om de opgave voor te stellen.

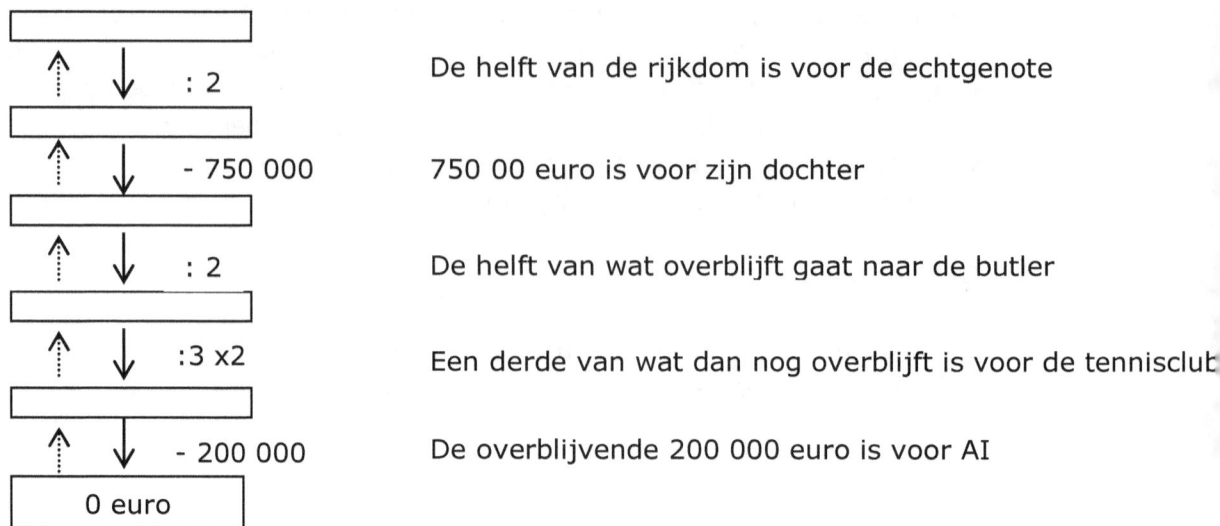

↑⋮ ↓ : 2	De helft van de rijkdom is voor de echtgenote
↑⋮ ↓ - 750 000	750 00 euro is voor zijn dochter
↑⋮ ↓ : 2	De helft van wat overblijft gaat naar de butler
↑⋮ ↓ :3 x2	Een derde van wat dan nog overblijft is voor de tennisclub
↑⋮ ↓ - 200 000	De overblijvende 200 000 euro is voor AI
0 euro	

Werk nu van onder naar boven (zie pijlen met stippellijn). Keer de bewerkingen om, ditmaal echter zonder de inverse bewerkingen te vermelden. Vul de bijhorende getallen in.

0 euro

     De overblijvende 200 000 euro is voor Amnesty International

€ 200 000

     Een derde van wat dan nog overblijft is voor de tennisclub.

€ 300 000

     De helft van wat overblijft gaat naar de butler.

€ 600 000

     750 000 euro is voor zijn dochter.

€ 1 350 000

     De helft van de rijkdom is voor de echtgenote

€ 2 700 000

<u>Antwoord:</u> "De baron bezat 2 700 000 euro".

Opmerkingen:

1) De controle van je oplossing is bij deze werkwijze heel gemakkelijk: je moet je verhaal immers enkel van boven naar onder overlopen. Het is hierbij uiteraard wel nodig dat je tussenstappen kloppen ... .
2) Pas op voor vergissingen, die vaker voorkomen als je de inverse bewerkingen niet expliciet noteert.
3) Je kan bovenstaande oefeningen ook oplossen door vergelijkingen op te stellen. Is dit een eenvoudiger werkwijze? Zeker geen die bruikbaar is in de lagere school !!

d) Verkoop van grond
Pieters koopt een rechthoekige weide van 35 m bij 120 m tegen 10 euro per m².
Hij koopt ook een stuk landbouwgrond van 5500 m² voor 4 400 euro.
De weide wordt na 5 jaar verkocht tegen 11,10 euro per m².
Ook de landbouwgrond wordt verkocht, aan 2 euro per m² meer dan wat hij heeft gekost.
Bereken de totale winst van Pieters.

Oplossing:

We vertrekken van wat we willen weten, en schrijven stapsgewijs op hoe we die bedragen kunnen zoeken.

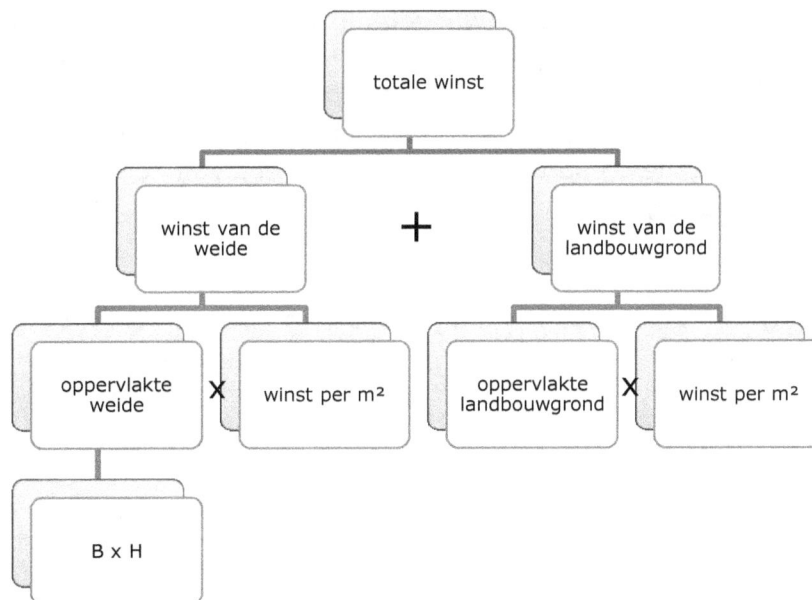

In de opgave vinden we alle gegevens die onderaan voorkomen. We vullen die in en werken omgekeerd naar boven.

Antwoord: "De totale winst bedraagt 15 620 euro."

Opmerking : Dit vraagstuk hoort ook thuis bij de soort " Deelproblemen" (Zie 2.2.5.)

Oefeningen

a) Genereus

Jefke is een braaf ventje dat graag zakgeld weggeeft aan mensen waarvan hij denkt dat ze die centjes beter kunnen gebruiken dan hijzelf. Op een dag wandelt Jefke in het stadspark en krijgt hij weer een vrijgevige bui. Hij geeft 10 euro aan de man die de duiven voert. De helft van het overige geld schenkt hij aan een kindje dat zin heeft in een ijsje. De ballonverkoper krijgt 5 euro van Jefke (in ruil voor een reuzegroot exemplaar) en voor 1 euro koopt hij kauwgom voor zijn zusje. De helft van het resterende geld verliest Jefke, zodat hij nog 25 cent overhoudt. Hoeveel geld had Jefke meegenomen naar het park?

b) Schopping Center

Mijn zus gaat heel graag winkelen. Gisteren "leende" ze een klein beetje geld van moeder om daarmee in Wijnegem allerhande spullen te kopen. Allereerst kocht ze voor 45 euro CD's. Dan kocht ze voor de helft van haar resterende geld een nieuwe jurk. Het budget voor haar middagmaal was 25 euro. Eénderde van het resterende bedrag besteedde mijn zus aan een luxueus boek over fotografie. Onderweg naar huis tankte ze voor 30 euro benzine en kocht ze voor éénvierde van het resterende geld muziekcassettes. Thuisgekomen gaf ze mij nog 5 euro, waarna ze de overgebleven 25 euro aan moeder teruggaf. Moeder was razend en vroeg waar zus al dat geld aan had gespendeerd. Hoeveel had zus gekregen?

c) Tweedehandswagen

Een garagist probeerde een tweedehandswagen te verkopen zonder al te veel succes. Dus bood hij een korting van 10% aan. Dan deed hij nog eens 20% van die nieuwe prijs af. Pas toen hij nog eens 25% van die laatste prijs afdeed, kocht iemand de auto voor de gevraagde 8 100 euro. Wat was de oorspronkelijke verkoopsprijs van de tweedehandswagen?

d) Wees creatief

en schrijf zelf een probleem dat je met de heuristiek "werk omgekeerd" kan oplossen!

2.2.8 Matrix logica

Hoe werkt deze techniek?

De maatschappij waardeert logisch denken. Beslissingen die logisch genomen worden, worden vaak hoger ingeschat dan emotionele beslissingen. Logische argumenten worden gemakkelijker aanvaard dan emotionele. Een logisch argument start ergens en ontwikkelt zich stap voor stap naar een ander punt doorheen goed gestructureerde en geordende stapjes. Uitdagende en plezierige logische problemen zullen helpen om je redeneervermogen aan te scherpen. Het basisidee van logische problemen is het bij elkaar passen van items in verschillende categorieën. De meeste problemen van die aard kunnen opgelost worden met behulp van een matrix (d.i. een tabel bestaande uit rijen en kolommen). Deze matrix vergemakkelijkt het elimineren van mogelijkheden, wat een belangrijke strategie is bij het oplossen van logische problemen.

Uitgewerkt voorbeeld

Stad tot stad

Vier vrouwen leven in verschillende steden. Eén van de steden is Oostende. Bepaal in welke stad elke vrouw woont:

1) De vrouwen van Blankenberge en Brussel en Rien zijn geen familie van mekaar.
2) Wendy en de vrouw van Luik zijn nichten.
3) Noch Petra, noch Wendy is van Oostende.
4) An is van een kuststad.

- We moeten dus bij elke vrouw de passende stad zoeken. We nemen aan dat elke vrouw bij juist één stad hoort. Daarom maken we een matrix waarbij we de vrouwen en de steden tegenover elkaar plaatsen; bv. de vrouwen op de rijen en de steden op de kolommen. Wanneer een vrouw zeker niet in een bepaalde stad woont, noteren we een 0 op de kruising van de rij van de vrouw en de kolom van de stad. Wanneer we zeker weten dat de vrouw in deze stad woont, noteren we een x. Het is ook handig om telkens het nummer van de tip erbij te noteren. Zo kan je achteraf gemakkelijker eventuele fouten verbeteren.
- De steden zijn: Oostende, Blankenberge, Brussel en Luik. De namen van de vrouwen zijn: Rien, Wendy, Petra en An. We vinden dan de volgende matrix.

	Oostende	Blankenberge	Brussel	Luik
Rien				
Wendy				
Petra				
An				

- We overlopen nu een eerste keer alle tips en proberen er telkens iets uit af te leiden. Uit de eerste tip volgt dat Rien niet in Blankenberge of in Brussel kan wonen. We vullen dit aan in de tabel. Deze tip is nog niet volledig gebruikt.
- Uit de tweede tip volgt dat Wendy niet in Luik woont. Ook dit vullen we aan. Ook deze tip is nog niet volledig gebruikt.
- De derde tip kan je rechtstreeks aanduiden in de tabel. Deze tip is volledig gebruikt.
- Uit de vierde tip volgt dat An niet van Luik of Brussel is. Ook deze tip is volledig gebruikt.
- Na deze tips ziet de matrix er als volgt uit:

	Oostende	Blankenberge	Brussel	Luik
Rien		0 (1)	0 (1)	
Wendy	0 (3)			0 (2)
Petra	0 (3)			
An			0 (4)	0 (4)

- Opnieuw overlopen van de tips 1 en 2 levert niets nieuw op. We gebruiken daarom een nieuwe deelstrategie: we maken een veronderstelling. Als we bepaalde veronderstellingen maken (vb. Rien is van Luik) en we zouden bepaalde resultaten uitkomen, dan zijn dit niet noodzakelijk goede en/of enige oplossingen, maar als we een contradictie uitkomen dan kunnen we wel zeker een kruisje zetten bij de veronderstelling die we gemaakt hebben (dus hier helpt negatief denken beter dan positief denken).
- Neem als veronderstelling: Rien is van Luik. Dus is ze niet van Oostende, dus An moet van Oostende zijn. We weten al dat Wendy van Brussel of Blankenberge is en (uit tip 2) dat ze familie is van de vrouw uit Luik, nl. Rien. Maar uit tip 1 weten we dat de vrouwen uit Brussel en Blankenberge geen familie zijn van Rien, wat dus tot tegenstelling leidt. Dus de veronderstelling dat Rien van Luik is, is vals en we kunnen dat vakje afkruisen.

	Oostende	Blankenberge	Brussel	Luik
Rien	x	0 (1)	0 (1)	0
Wendy	0 (3)	0	x	0 (2)
Petra	0 (3)	0	0	x
An	0	x	0 (4)	(4)

- Dan is Rien van Oostende en Petra van Luik.
- De rest van de oplossing volgt nu direct.
- We vinden dus als oplossing: Rien – Oostende, Wendy – Brussel, Petra – Luik en An – Blankenberge.
- Deze oplossing moeten we nog eens controleren. Ze blijkt inderdaad te voldoen aan alle tips van het probleem, dus het is een geldige oplossing.

Opmerkingen:

- Deze methode (maak een veronderstelling) kan erg gevaarlijk zijn. Als de veronderstelling geen contradictie oplevert, bewijst ze niets. Een veronderstelling maken moet daarom bekeken worden als een laatste uitweg. Tracht andere substrategieën eerst te gebruiken.
- Positief denken is de verkeerde houding voor het oplossen van deze problemen, denken aan de dingen die *niet* kunnen daarentegen helpt bij het elimineren van mogelijkheden.
- Het hernemen van de tips is meestal nuttig, zeker wanneer je er een aantal hebt overgeslagen die je niet direct kon gebruiken. (substrategie: *tips herlezen*).

Toepassing

Los volgend probleem op door gebruik te maken van matrix logica.

Een dagje vissen

Een aantal vrienden gaat elk jaar een dagje vissen en elk jaar houden ze een wedstrijd voor de zwaarste vis. De verliezer moet al de fastfood betalen die ze die dag opeten. Bepaal de rangorde in de wedstrijd van dit jaar m.b.v. de volgende tips. En denk eraan, zoals de traditie het voorschrijft bij vissers, zijn al hun uitspraken gebluf (en dus onwaar).
Marta: Larry was eerst.
Sally: Marta versloeg Woody.
Woody: Ik won van Sally.
Larry: Woody was tweede.

2.2.9 Eliminatie

Hoe werkt deze techniek?

Voor sommige problemen zijn er op het eerste gezicht verschillende oplossingen mogelijk. Door gebruik te maken van de gegevens uit de opgave en van de gegevens die je al hebt afgeleid kan je vaak een aantal mogelijkheden uitsluiten (elimineren). Als je tenslotte zoveel mogelijkheden hebt verworpen dat er uiteindelijk maar één meer overblijft, dan moet dat wel de juiste oplossing zijn.

Een deelstrategie die bij eliminatie thuishoort, is dat je gebruik maakt van veronderstellingen. Als die veronderstellingen leiden tot een oplossing, dan heb je toch al een oplossing gevonden (alhoewel dit niets zegt over het al of niet juist zijn van de veronderstellingen). Indien de veronderstellingen tot onmogelijkheden leiden, dan mag je ze elimineren.

Uitgewerkt voorbeeld

Wie liegt er?

Jimmy liegt op vrijdagen, zaterdagen en zondagen. Alle andere dagen vertelt hij de waarheid. Frieda liegt op dinsdagen, woensdagen en donderdagen. Alle andere dagen is zij eerlijk. Als zowel Jimmy als Frieda zeggen: "Gisteren loog ik", welke dag is het dan vandaag?

Mogelijke oplossingswijze:

- We maken eerst een tabel waarin alle gegevens uitgedrukt staan. We noteren w voor de waarheid spreken en l voor liegen.

	ma	di	wo	do	vr	za	zo
Jimmy	w	w	w	w	l	l	l
Frieda	w	l	l	l	w	w	w

- Veronderstel dat het vandaag maandag is. Op maandag spreken beide personen de waarheid, dus de opmerking "gisteren loog ik" moet correct zijn. Op zondag liegt Frieda echter niet. Bijgevolg kan het vandaag niet maandag zijn.
- Stel dat het vandaag dinsdag is. Frieda liegt vandaag, Jimmy vertelt de waarheid. De uitspraak "gisteren loog ik" betekent dan dat Frieda op maandag de waarheid sprak en Jimmy loog. Dit klopt niet voor Jimmy (zie tabel), het is vandaag dus niet dinsdag.
- De mogelijkheden woensdag, donderdag, zaterdag en zondag kan je op een analoge manier weerleggen. Het is vandaag inderdaad vrijdag. Immers, Jimmy liegt vandaag, de uitspraak "gisteren loog ik" is dus vals, wat betekent dat Jimmy gisteren donderdag de waarheid sprak. Dit klopt met de gegevens. Frieda spreekt op vrijdag de waarheid, wat impliceert dat ze gisteren donderdag

gelogen zou moeten hebben. Ook dit komt overeen met de gegevens.
- <u>Antwoord:</u> "Het is vandaag vrijdag."

Toepassing

Los volgend probleem op door eliminatie.

Volgorde
Tom (de grootste) is ouder dan Michel (de lichtste). Jerry (de oudste) is kleiner dan Nick (de zwaarste). Niemand heeft dezelfde rang in de twee categorieën, bijvoorbeeld: als iemand de tweede grootste is, dan kan hij niet de tweede zwaarste of de tweede oudste zijn. Geef de volgorde van de vier jongens in elke categorie: leeftijd, lengte en gewicht.

2.2.10   Maak een fysische representatie

Hoe werkt deze techniek?

Abstractie is een sterk wapen in de wiskunde, waar terecht veel aandacht aan wordt besteed. Door automatisch te abstraheren lopen we wel het risico om problemen nodeloos moeilijk te maken, en kunnen we ons vermogen om opgaven op een heel concrete manier op te lossen, verliezen. In dit hoofdstuk willen we daar iets aan doen.

De heuristiek "fysische representaties" omvat eigenlijk 2 deelheuristieken:

Voer het probleem uit, m.a.w. speel een situatie na om het probleem onder de knie te krijgen.

Maak een fysisch model. Maak met concreet materiaal een model dat toelaat het probleem op te lossen.

We illustreren deze heuristiek in de volgende paragraaf.

De wolven en de geiten.

Drie wolven en drie geiten staan aan de ene kant van een rivier en willen naar de overkant. Er is slechts één roeiboot ter beschikking die maar twee dieren tegelijk kan vervoeren, waardoor de dieren in verschillende groepen zullen moeten oversteken. Er is echter één groot probleem: zowel op de linker- als op de rechteroever moeten er altijd meer geiten dan wolven aanwezig zijn zonder aanwezigheid van de boer, kwestie van de roofdieren geen gratis maal te gunnen. Hoe kunnen de zes dieren op een veilige manier oversteken?

<u>Oplossing 1</u>: *"Voer het probleem uit"*

Nodig zijn er 6 personen, waarvan er drie voor wolf spelen en drie voor geit, en een "roeiboot". Je zal ontdekken dat die roeiboot negen keer van de ene oever naar de andere zal moeten varen.

<u>Oplossing 2</u>: *"Maak een fysisch model"*

Je kan hierbij bijvoorbeeld zes stukjes papier gebruiken, waarop je duidelijk "W" schrijft voor een wolf en "G" voor een geit. Hiermee kan je het probleem "naspelen".

<u>Opmerking:</u>

Bovenstaande oplossingen illustreren de voor- en nadelen van beide deelheuristieken. Bij een concrete uitvoering van het probleem zijn er meerdere actoren die allemaal kunnen meedenken over de oplossing, wat het vinden van de oplossing gevoelig kan vergemakkelijken. Anderzijds is deze werkwijze nogal omslachtig en tijdrovend, en onbruikbaar als je een probleem alleen moet aanpakken. Werken met een fysisch model is dan een iets abstractere, maar toch nog zeer concrete en gemakkelijke methode.

Toepassing

a) Een taart verdelen
   Hoe kan je een taart in 8 gelijke delen verdelen door met een mes slechts 3 sneden te maken?

b) De kortste weg tussen drie punten
   Teken de kortste weg die drie willekeurige punten verbindt.

2.2.11   Oefeningen

Los op. Kies zelf welke heuristiek je gebruikt.

1) *Boer Ben*

   Boer Ben heeft, buiten een slecht geheugen, alleen maar koeien en
   eenden op zijn boerderij. Hij kan echt niet onthouden hoeveel
   beesten hij van elke soort heeft. Gelukkig is dit ook niet nodig, hij
   weet immers dat hij in het totaal 22 dieren heeft (dat is precies
   zoveel als zijn leeftijd) en dat die 22 gezonde dieren samen evenveel
   poten hebben als de leeftijd van zijn vader: 56. Hoeveel eenden
   heeft boer Ben en hoeveel koeien?

2) *Slakkengangetje*

   Een slak zit beneden aan een 12 meter hoge muur. Overdag kruipt
   ze 3 meter omhoog, maar 's nachts zakt ze twee meter terug.
   Hoeveel dagen heeft ze nodig om boven op de muur te geraken?

3) *Snoep te koop*

   Een snoepwinkeltje verkoopt zakjes snoep van 50 cent, 1 euro of
   1,50 euro. Op welke mogelijke manieren kan je daar voor 4 euro
   snoep kopen?

4) *Penny's muntstukken*

   Penny is aan het spelen met haar stukken van 1 euro. Ze heeft er
   nog geen honderd. Als ze met haar muntstukken hoopjes van twee
   maakt, blijft er één over. Maakt ze hoopjes van drie, dan blijft er
   ook één over, en hetzelfde bij hoopjes van vier. Legt ze de
   muntstukken op hoopjes van vijf, dan blijven er geen over. Hoeveel
   muntstukken heeft ze?

5) *Datums op blokjes*

   Je hebt twee kubusvormige blokjes en drie balkvormige staafjes.
   Daarmee wil je, vooraan op de lessenaar in de klas, alle mogelijke
   data voorstellen. Je gebruikt de namen van de maanden en je
   noteert de dagen met twee cijfers, b.v. 04 april. Hoe kan je dit
   doen?

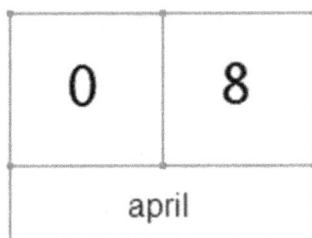

6) *Figuranten*

   Vier mannen spelen als figurant mee in een film. Hun leeftijden zijn:
   41, 38, 22 en 19 jaar. Hoe oud is elk van hen, in welke taal wordt de
   film opgenomen en welke rol spelen ze?

- De twee figuranten van wie de voornamen dezelfde beginletter hebben, spelen voetballer en winkelier.
- Toine is even oud als Kevin en Rob samen.
- Ken heeft een rol in een Franstalige film, maar niet als winkelier.
- Voor de Duitstalige film zijn veel cafébezoekers nodig.
- Van de jongste figurant wordt een goede kennis van het Engels gevraagd.
- Toine speelt niet in een Nederlandse film.
- Zowel de cafébezoeker als de winkelier zijn ouder dan de man die alleen maar voorbij moet wandelen.

7) *Ouderdom*
   Ronny's leeftijd plus het kwadraat van Alains leeftijd is 2240. Alains leeftijd plus het kwadraat van Ronny's leeftijd is 1008. Hoe oud zijn Ronny en Alain?

8) *Magisch vierkant*
   In dit magisch vierkant moeten de getallen van 1 tot en met 16 komen. De som van de getallen in elke verticale, horizontale en diagonale rij is 34.

		5	
15			3
		11	2
1	12		

9) *Waterpret*
   Een kleuter speelt met een emmer water. Hij gooit de helft van het water weg en giet er daarna één liter water bij. Dit doet hij twee keer. Daarna is er nog 2,5 liter water in de emmer. Hoeveel liter water was er eerst in de emmer?

10) *Rare rij*
    In een rij van 1990 gehele getallen is elk getal - met uitzondering van het eerste en laatste - gelijk aan de som van zijn twee buren. De som van de eerste 16 getallen is gelijk aan 18 en de som van de laatste 2 is gelijk aan 24. Bepaal het eerste getal van deze rij.

11) *IJsverkopers*
    Twee ijsverkopers vertellen elkaar hoeveel winst ze maken. Ijsboer Jansen zegt dat hij 20% winst maakt op de inkoopprijs en ijsboer Peeters zegt dat hij 25% winst maakt op de inkoopprijs. Tot nu toe heeft Jansen voor dit jaar al
    25 000 euro winst gemaakt. Peeters heeft in totaal al voor 100 000 euro ijsjes verkocht. Wie heeft de meeste winst (werkelijke winst) gemaakt? En hoeveel bedraagt het verschil in winst?

12) *Diagonalen*

Hoeveel diagonalen heeft een convexe 25-hoek?

13) *Melkkoeien*

Als 4 koeien 4 liter melk geven in 4 dagen, hoeveel liter melk geven 8 koeien dan in 8 dagen?

14) *Dolle draken*

In een bos zitten twee soorten draken. De groene draken hebben 2 koppen en 4 poten, de blauwe draken hebben 4 koppen en 4 poten. Als er in het bos 100 draken zitten met 320 koppen, hoeveel zijn er dan van elke kleur?

15) *Appels en peren*

Bas heeft 3 dozen fruit in de schuur: één met appels, één met peren en één met zowel appels als peren. Op elke doos zit een etiket, maar geen enkel etiket zit juist. Hoe kan Bas door slechts uit één doos één stuk fruit te nemen, weten wat in elke doos zit?

16) *Klasschema's*

Het lessenrooster op maandag van een secundaire school ziet er als volgt uit:

	1	2	3	4	5	6	7
Ned.*	x		x			x	
Wisk.*		x		x	x		
Fys. *			x	x			
LO *	x	x			x		
Gesch.		x					x
Toneel			x				
Typen						x	x
Muziek	x						
Lunch *				x	x		

De kruisjes geven aan op welke uren een vak wordt gegeven. Alle studenten volgen de vakken met een * . De andere vakken zijn keuzevakken. Maak een schema voor Jos als hij toneel en geschiedenis kiest.

Toen Jos zijn schema klaar had, bleek dat de les LO tijdens het eerste uur reeds volzet was. Bij de andere periodes waren nog plaatsen vrij. Hoe kan hij dit oplossen?

Nadat hij zijn nieuwe schema klaar had, bleek dat de school nog een bijkomende les fysica inrichtte op het zesde lesuur. Jos was met zijn nieuwe schema niet zo tevreden. Kan hij het nu nog veranderen?

17) *Wie liegt?*

Twee oudere dames zitten op een terrasje te keuvelen. Een passerende snotneus op een bromfiets hoort een van de dames tegen de andere zeggen: "Ik heb nog nooit gelogen". De snotneus reageert daarop met: "Dan zal dit de eerste keer zijn". Wie sprak zeker niet de waarheid?

18) *Regeringsleden*

De president van Amerika was in vergadering met de vice-president en drie regeringsleden: de eerste minister, de minister van onderwijs en de minister van financiën. Bepaal welke vrouw (ééntje heet Norma) welke job heeft.
Paula zegt: "Beste president, ik denk niet dat de eerste minister weet waarover zij het heeft. Ik denk dat onze buitenlandse politiek de laatste tijd sterk verwaterd is."
(De eerste minister en de vice-president knikten ontkennend).

De minister van financiën zei:" Ik ga akkoord met Paula. We hebben de laatste tijd zelfs niet met Japan gesproken."

De vice-president onderbrak:" Jullie twee, laat Inez gerust. Ze doet haar werk goed."

Georgianne, die tot dan toe niet gesproken had, zei uiteindelijk: "Laten we iets anders bespreken."

De minister van onderwijs zei:" Sorry, Inez, niet persoonlijk bedoeld."

Colleen zei:" Ook sorry, Inez, ik denk dat we ons wat snel opgejut hebben."

Inez reageerde:" Al goed, we verduren de laatste tijd allemaal veel stress."

19) *Rijexamen*

Bij een rijexamen worden de examinator en het te volgen parcours bepaald door loting. Er zijn twee examinatoren: Mieke en Bernard. Er zijn vier mogelijke parcours: één door de stadskern, één op de secundaire wegen, één via de ring van de stad en één op het industrieterrein. Twee vriendinnen zullen gelijktijdig starten met hun rijexamen. Michelle zou graag Mieke als examinator hebben en het parcours langs het industrieterrein. Zij mag als eerste loten. Wat is de kans dat haar wens in vervulling gaat?

20) *Nog meer waterpret*

Je hebt twee lege emmers. In de ene emmer kan precies 5 liter water, in de andere precies 3 liter. Maar voor een experiment dat je absoluut nu wil uitvoeren, heb je precies 4 liter water nodig. Hoe kun je die 4 liter afmeten door alleen maar gebruik te maken van de twee emmers?

21) *Snelheid?*

Een regenworm van 6 cm lang kruipt voort met een snelheid van 6 cm per minuut. Hoeveel tijd heeft hij nodig om een stuk papier van 12 cm lengte volledig te overschrijden?

22) *Beestige boel*

Een hondenclub telt 40 leden; ze hebben allemaal op zijn minst één hond. Elk van die honden is een bouvier, een Duitse herder of een retriever.

12 leden hebben een bouvier, 22 een Duitse herder en 19 een retriever.

8 leden hebben zowel een Duitse herder als een retriever.

Geen van de leden heeft zowel een bouvier als een retriever.

Hoeveel leden hebben een Duitse herder en geen bouvier en geen retriever?

23) *Puzzelstukjes*

Je legt een terras door onderstaande tegels te gebruiken. Je moet elke tegel evenveel keer gebruiken. Hoe ziet het terras er uit?

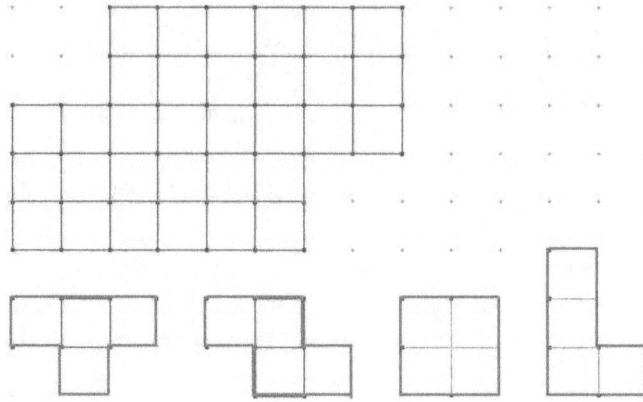

24) *Origami*

Je neemt een vierkant blaadje papier en vouwt dat in vieren volgens de diagonalen. Je knipt de gekleurde stukjes weg en vouwt het blaadje terug open. Maak een schets hoe het papier er nu uitziet.

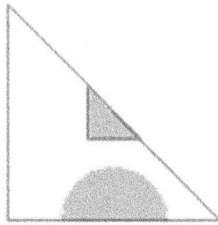

25) *Oppervlakteprobleem*

Vierkanten

Hoeveel cm² is de oppervlakte van het zwarte gebied groter dan de oppervlakte van het grijze gebied?

2.2.12   Oplossingen van de oefeningen

Oplossingen van oefeningen 2.2.1

(a) Botsende bal
De verticale afstand die de bal in het totaal heeft afgelegd is 460 cm.

(b) Woestijnwegen
a) Feline - Thirtynine - Bovine; 15 km.
b) Lupine - Feline - Thirtynine; 17 km.
c) Canine - Lupine - Feline; 14 km.
d) Arachnid - Thirtynine - Feline - Lupine   of   Arachnid - Canine - Lupine; 18 km.
e) Canine - Arachnid – Thirtynine of Canine – Bovine - Thirtynine; 16 km.
f) Arachnid - Thirtynine - Feline; 7 km.

(c) Loopwedstrijd
De meisjes kwamen in volgende volgorde aan:
1) Ursula   2) An op 3 meter van Ursula   3) Kaat op 3 meter van An
4) Lea op 2 meter van Kaat 5) Isabel op 2 meter van Lea   6) Betty op 2 meter van Isabel.

Oplossingen van oefeningen 2.2.2

(a) Vul in : meer / minder. Kleur het bolletje als de relatie, in normale omstandigheden, omgekeerd evenredig is.

O Hoe meer kinderen er in een klas zijn, hoe ...MEER.. werken de leerkracht moet verbeteren
◉ Hoe meer fruitsap in de verpakking, hoe ...MINDER....aantal verpakkingen er nodig zijn.
◉ Hoe meer km/uur je wandelt, hoe ...MINDER... tijd je nodig hebt om de afstand af te leggen.
◉ Hoe meer voedsel Poesie per dag eet, hoe ...MINDER.... dagen de voorraad strekt.
O Hoe meer een lamp verbruikt, hoe ...MEER.. de kostprijs per uur is.
◉ Hoe minder machines er zijn, hoe ...MEER....tijd er nodig is om een werk af te maken.
O Hoe minder volume een marmeren blad heeft, hoe ...MINDER... gewicht het heeft.

(b) Snelheid

Afstand in km	90	45	22,5
Tijd in minuten	60	30	15

Hij legt in 15 minuten 22,5 kilometer af.

(c) Computer

Aantal antwoordbladen	4800	1200	20	1
Tijd	4 uur	1 uur = 60 min.	1 min.=60 sec.	3 sec.

Per antwoordblad heeft de computer 3 seconden nodig.

(d) De kip en het ei

Aantal kippen	3	3	6
Aantal dagen	2	6	6
Aantal eieren	4	12	24

(e) Vogels eten

Aantal vogels	3	1	100
Aantal vliegen	3	1	100
Tijd in seconden	3	3	3

Elke vogel eet precies één vlieg op!! Qua realiteitsgehalte scoort dit soort opgaven laag. Hebben al deze vogels wel een vlieg voor het grijpen? Lukt elke poging? Is iedere vogel er even handig in?

Oplossingen van oefeningen 2.2.3

(a) Afbeeldingen en strips.

Kristine kan die 30 EURO op de volgende manieren besteden aan foto's en strips:

aantal foto's (6 euro)	aantal strips (3 euro)
5	0
4	2
3	4
2	6
1	8
0	10

(b) Gratis concerttickets.

De gebruikte afkortingen zijn: A = Alex, B = Bart, C = Chris en D = Dave.

De oproepen kunnen in de volgende volgorden binnenkomen:

ABCD	BACD	CABD	DABC
ABDC	BADC	CADB	DACB
ACBD	BCAD	CBAD	DBAC
ACDB	BCDA	CBDA	DBCA
ADBC	BDAC	CDAB	DCAB
ADCB	BDCA	CDBA	DCBA

(c) Geld wisselen.

Je kan een briefje van 100 euro op 10 manieren wisselen in briefjes van 50, 20 en 10 euro.

50 euro	20 euro	10 euro
2	0	0
1	2	1
1	1	3
1	0	5
0	5	0
0	4	2
0	3	4
0	2	6
0	1	8
0	0	10

Oplossingen oefeningen 2.2.4

(a) Nieuw contract.
Die voetballer moet minstens 32 wedstrijden spelen opdat het aanbod van de club voor hem voordeliger is.

(b) Wanted: getal.
Er zijn verschillende mogelijkheden: 66, 57, 75, 48, 84, 39, 93.

(c) Postzegels.
Karel heeft 4 postzegels van 0,79 euro en 7 postzegels van 0,42 euro nodig.

Oplossingen oefeningen 2.2.5

(a) Toetsgemiddelde.
Het totale gemiddelde is 94%.

(b) Auto–uitstap.
De autorit duurt 36 minuten langer aan een snelheid van 50 km/uur.

Oplossingen oefeningen 2.2.6

(a) Legercorvee
Jan moet 63 kg aardappelen bijbestellen en heeft 7 soldaten nodig om die aardappelen te schillen.

(b) Selectie
De selectieheer opteert best voor 12 middenvelders, 6 verdedigers, 4 aanvallers en 3 keepers.

(c) Even en oneven.
Het verschil tussen de som van de eerste 500 even getallen en de som van de eerste 500 oneven getallen, 0 niet meegerekend, is 500.

Oplossingen oefeningen 2.2.7

(a) Genereus
Jefke had 23 euro meegenomen naar het park.

(b) Shopping Center
Zus startte met 305 euro. Hiervan gaf ze er 45 euro uit aan CD's, 130
euro aan een nieuwe jurk, 25 euro aan een stevig middagmaal, 35 euro
aan een boek, 30 euro aan benzine, 10 euro aan een muziekcassette en
5 euro aan haar broer.

(c) Tweedehandswagen
De oorspronkelijke verkoopprijs van de tweedehandswagen was 15 000
euro.

Oplossing oefening 2.2.8

Een dagje vissen: Sally eerst, dan Larry, Woody en Marta.

Oplossing oefening 2.2.9

Volgorde:
voor lengte: Tom-Michel-Nick-Jerry (van lang naar kort)
voor gewicht: Nick-Jerry-Tom-Michel (van zwaar naar licht)
voor leeftijd: Jerry-Tom-Michel-Nick (van oud naar jong)

Oplossing oefening 2.2.10

(a) Voor een fysische oplossing, zie
http://www.grenzenverleggen.be/index.php/problemen-van-de-maand

(b) Voor een fysische oplossing, zie
http://www.grenzenverleggen.be/index.php/problemen-van-de-
maand/10-probleem-van-de-maand-juni-2014

Oplossingen oefeningen 2.2.11

1) *Boer Ben*: Maak een schematische voorstelling/ Gok en verifieer.
Boer Ben heeft 6 koeien en 16 eenden.

2) *Slakkengangetje*: Maak een schematische voorstelling.
De slak heeft er tien dagen voor nodig. De tiende dag is ze boven en
zakt ze 's nachts niet meer terug.

3) *Snoep te koop*: Maak een systematische lijst.
Er zijn tien mogelijkheden: 8 van 50 c./ 6 van 50 c. en 1 van € 1/ 5
van 50 c. en 1 van € 1,50/ 4 van 50 c. en 2 van € 1/ 3 van 50 c., 1 van
€ 1 en 1 van € 1,50/ 2 van 50 c. en 3 van € 1/ 2 van 50 c. en 2 van €
1,50/ 1 van 50 c., 2 van € 1 en 1 van € 1,50/ 4 van € 1/ 1 van € 1 en 2
van € 1,50.

4) *Penny's muntstukken*: Eliminatie.

Ze heeft 25 of 85 muntstukken.

5) *Datums op blokjes*: Maak een fysische representatie.
   De 3 balkjes hebben 3 x 4 zijvlakken (zonder grond- en bovenvlak) die
   je kan gebruiken om de namen van de maanden op te noteren. Op de 6
   zijvlakken van de eerste kubus plaats je de cijfers 0,1,2,3,4,5; op de 6
   zijvlakken van de tweede kubus plaats je de cijfers 0,1,2,6,7,8. De 9
   kan je verkrijgen door het vakje met de 6 om te draaien.

6) *Figuranten*: Matrix logica.
   Bv. op de rijen de namen, een eerste reeks van 4 kolommen met de
   leeftijden, een tweede reeks van 4 kolommen met de rollen en een
   derde reeks van 4 kolommen met de talen.
   Toine – 41 j. – cafébezoeker – Duits
   Kevin – 22 j. – winkelier – Nederlands
   Rob – 19 j. – wandelaar – Engels
   Ken – 38 j. – voetballer - Frans

7) *Ouderdom*: Gok en verifieer.
   Ronny is 31 jaar en Alain 47.

8) *Magisch vierkant*: maak een fysische representatie

4	9	5	16
15	6	10	3
14	7	11	2
1	12	8	13

9) *Waterpret*: werk omgekeerd
   Er zat eerst 4 l water in de emmer.

10) *Rare rij*: los eerst een eenvoudiger probleem op. Zoek zelf eens een
    aantal dergelijke rijen en probeer een regelmaat te ontdekken.
    De gezochte rij is: -10, 4, 14, 10, -4, -14, … en heeft dus -10 als eerste
    getal.

11) *IJsverkopers*: splits op in deelproblemen.
    Janssens maakt de meeste nettowinst, nl. 5000 euro meer dan Peeters.

12) *Diagonalen*: Los eerst een eenvoudiger probleem op. Bekijk het b.v.
    eens voor een vijfhoek of een zeshoek.
    Er zijn 275 diagonalen in de convexe 25-hoek.

13) *Melkkoeien*: splits op in deelproblemen.
    8 koeien geven 16 l melk in 8 dagen.

14) _Dolle draken_: los eerst een verwant probleem op (zie boer Ben).
Er zijn 60 blauwe en 40 groene draken.

15) _Appels en peren_: eliminatie
Als hij start met een stuk fruit te nemen uit de doos met appels/peren op, kan hij weten welke soort fruit in elke doos zit. Probeer maar!

16) _Klasschema's_: eliminatie
LO/wiskunde/toneel/fysica/lunch/Nederlands/geschiedenis
Dan moet hij toneel laten vallen en een ander keuzevak volgen, b.v. muziek:
Muziek/LO/fysica/lunch/wiskunde/Nederlands/geschiedenis.
Dan kan hij opnieuw geschiedenis en toneel volgen, b.v.
Nederlands/wiskunde/toneel/lunch/LO/fysica/geschiedenis.

17) _Wie liegt_? Eliminatie
De snotneus liegt zeker want als hij de waarheid spreekt, dan liegt de dame, dus dan heeft ze al eerder gelogen, maar dan is dit niet de eerste keer dat ze liegt, dus dan is wat de snotneus zegt, fout.

18) _Regeringsleden_: matrixlogica
Georgianne is de president, Norma de vice-president, Inez de eerste minister, Paula de minister van onderwijs en Colleen de minister van financiën.

19) _Rijexamen_: maak een schematische voorstelling (b.v. een boomdiagram)
Er zijn 8 mogelijke combinaties van wegen en examinatoren, de kans om Mieke als examinator te hebben en het traject langs het industrieterrein is $\frac{1}{8}$.

20) _Nog meer waterpret_:
Vul de emmer van 5 l en giet over in de emmer van 3 l. Er blijft 2 l water over in de emmer van 5 l.
Giet de emmer van 3 l uit en giet de 2 l uit de emmer van 5 l in de emmer van 3 l.
Vul nu de emmer van 5 l opnieuw en giet het water bij de emmer van 3 l tot deze vol is. Er kan nog 1 l bij de emmer van 3 l. Er blijft dus 4 l over in de emmer van 5 l.

21) _Snelheid_? maak een schematische voorstelling
De regenworm heeft 3 minuten nodig om het blad volledig over te steken.

22) _Beestige boel_: maak een schematische voorstelling (b.v. met venndiagrammen)
9 leden van de club hebben enkel een Duitse herder en geen Bouvier of Retriever.

23) _Puzzelstukjes_: maak een fysische representatie, knip de puzzelstukjes uit.

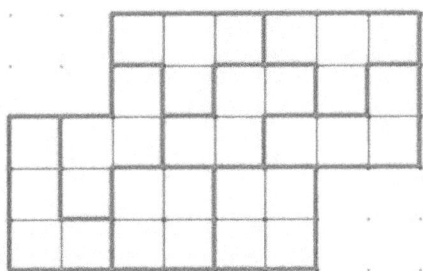

24) *Origami*: maak een fysische representatie, knip de stukjes uit het gevouwen blad papier.

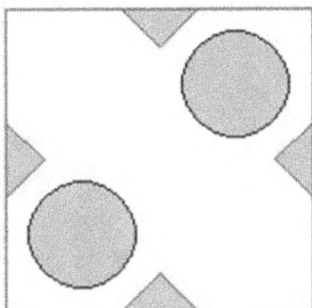

25) Oppervlakteprobleem: los eerst een eenvoudiger verwant probleem op. Plaats b.v. de vierkanten zo dat je het verschil in oppervlakte eenvoudig kan berekenen.
De oppervlakte van het zwarte gebied is 24 cm² groter dan de oppervlakte van het grijze gebied.

3 Meta-onderwijzen

3.1 Meta-onderwijzen: inleiding

In de dagdagelijkse praktijk wordt probleemoplossend denken vaak herleid tot 'een les vraagstukken', terwijl het veel verder gaat dan dat. Het is een houding en werkwijze die je in alle lessen kan toepassen en de dagelijkse les wiskunde kan een mooie start zijn. Dit hoofdstuk laat zien hoe dit kan en biedt ook een theoretisch achtergrondkader dat kan helpen dit doel te bereiken.

We vertrekken in de volgende paragrafen, één voor elke graad, steeds vanuit een probleem dat erg gericht is op het probleemoplossend denken. Hierbij zijn de voorwaarden betreffende puur wiskundige kennis niet erg groot omdat het zuiver redeneren en stappen zetten in het oplossen van het probleem primeren. Eventuele belemmeringen omwille van wiskundige of specifieke begrippen worden op deze manier zo klein mogelijk gemaakt. We lossen het probleem op en gaan dan dieper in op de denkstappen en de begeleiding van het probleem: *het 'meta' onderwijzen*. Bepaalde aspecten van leren leren komen aan bod, eerst geïsoleerd binnen het kader van een specifiek probleem, en geleidelijk verdiept dit zich en komen we tot een lijn doorheen alle graden. Dit toont hoe je met eenzelfde gerichtheid omgaat met leerlingen in de klas om hun probleemoplossende vaardigheden te helpen ontplooien.

Bij elke graad hoort ook een oefening waarbij we vertrekken vanuit een echt praktijkvoorbeeld. Dit kan echter eender welke les zijn die je mentor opgeeft. Aan de hand van drie voorbeelden geven we het 'probleemoplossende' aspect in deze lessen mee gestalte. Dit doen we uiteraard niet door de handleiding zonder nadenken over te nemen. Vanuit opgegeven doelstellingen of onderwerpen van een les, ook wanneer dit geen les over probleemoplossende vaardigheden is, maken we een doordacht lesplan. Dit doen we doelgericht, zonder handleiding, waarbij we ons laten inspireren door ervaringen en inzichten vanuit het probleem dat we oplosten voor de bijhorende graad.

Tenslotte bekijken we de lagere school in zijn geheel en beschrijven we een leerlijn van de eerste tot derde graad.

3.2 Meta-onderwijzen in de eerste graad

3.2.1 Bouwstenen voor de eerste graad

Oefening

Om een Lego huis te bouwen moet je een muur van 19 dopjes lang maken.
Je hebt alleen nog maar blokjes Lego van 8 dopjes en van 3 dopjes.
Hoeveel blokjes van 8 dopjes en hoeveel van 3 dopjes heb je dan nodig om
de eerste rij te maken?

Los het probleem op. Gebruik de vier fasen in het oplossingsproces uit
paragraaf 2.1 en situeer elk element van je oplossing in deze fasen. Noteer
in je logboek.

Wat is noodzakelijk om dit probleem op te lossen? Hoe kan een leerkracht
dit faciliteren?

Om je hierbij te helpen zijn er een aantal stappen die je als leerkracht kan
herkennen en die je elk in meer of mindere mate kan stimuleren. Wanneer
je vanuit deze stappen vertrekt en vragen stelt die aangepast zijn aan het
specifieke probleem, kan je de leerlingen helpen om gemotiveerd en bewust
met het probleem om te gaan.

We onderscheiden voor de eerste graad de volgende *bouwstenen voor
meta-onderwijzen*.

Ik wil
Als leerkracht ga je leerlingen motiveren om een probleem op te lossen. Dit
kan je doen op verschillende manieren:

- ✓ een probleem moet aansluiten bij de leefwereld van de leerlingen
- ✓ de manier van aanbrengen van de leerkracht, het plezier dat de
  leerkracht uitstraalt. Als leerkracht moet je je ook voldoende "veilig"
  voelen om een open probleem aan te bieden
- ✓ de overtuiging bij een leerling aanmoedigen dat hij/zij dit probleem
  ook kan oplossen (het probleem moet rijk en uitdagend genoeg zijn,
  maar ook niet té moeilijk).

Ik plan
Leerlingen leren hier plannen hoe ze problemen aanpakken. Dit is, zeker in
de lagere leerjaren, niet evident voor leerlingen die vooral op basis van

intuïtie ("Ik zie het gewoon") werken. Als leerkracht kan je dit faciliteren door op volgende aspecten te letten:

- ✓ Taal: zijn er moeilijke woorden of zinnen die de leerling niet begrijpt?
- ✓ Vragen die je kan gebruiken om de leerlingen op weg te helpen:
  Wat is gevraagd? (Hoeveel blokjes)
  Welke gegevens heb ik daarvoor nodig? (hoe de blokjes er uit zien en hoe lang de muur in totaal is)
  Welke soorten blokjes zijn er? (van 3 en van 8)
- ✓ Geef voldoende ruimte aan de leerlingen om na te denken, te proberen én fouten te maken. Geef geen strak invulschema op voorhand.

Ik doe

De leerlingen voeren hun plan uit. Enkele aandachtspunten hierbij zijn:

- ✓ Gebruik een werkschrift of kladschrift (geef de leerlingen de gelegenheid uit te proberen en fouten te maken)
- ✓ Ik los het probleem op: hoe zouden leerlingen dit oplossen?
- ✓ Als leerkracht hou je bij de oplossing en de bespreking van een probleem steeds de context en het plan voor ogen: waar ging het probleem over, wat was ons plan, welke stappen hadden we afgesproken?

Ik kan

Deze bouwsteen wordt hier geïnterpreteerd als grondlegger van *Ik wil* bij een volgende probleem. Hiermee kan je het zelfvertrouwen, de motivatie van leerlingen verhogen door succeservaringen te bevestigen en eventuele problemen duidelijk af te bakenen zodat ze de hele activiteit niet overschaduwen. Op deze manier voorkom je uitspraken als "Zie je wel, ik kan geen problemen oplossen", of "Ik kan toch niet rekenen". Eventuele verwoordingen door leerlingen kunnen zijn:

- ✓ Ik heb het probleem opgelost,
- ✓ Ik kon het alleen, ik had een beetje hulp nodig,
- ✓ Ik moest wel lang nadenken omdat ik de tafel van 9 niet goed kende.

Oefening

Wat moeten leerlingen kunnen/kennen om het bovenstaande probleem van de Lego-blokjes op te lossen?

Pas het probleem aan zodat je het kan gebruiken in het eerste leerjaar. Hoe kan je dit probleem uitbreiden, rijker maken?

Bekijk het filmpje op de website
http://www.grenzenverleggen.be/index.php/demolessen/
demoles-pod-tweede-leerjaar-stabroek

Oefening

Schrijf een lesfase uit waarbij je de onderstaande oefening door leerlingen laat oplossen. Gebruik het bovenstaande kader voor de formulering van je vragen.

De afbeeldingen worden in 3 stukken geknipt. Per twee verkennen de leerlingen de mogelijke combinaties die je kan maken met drie verschillende stukken van drie verschillende dieren en leggen deze nieuwe "dieren" op een werkblad. Ze geven deze dieren namen in de volgorde van de stukken, bv. oli-var-vis (hoofd olifant – midden varken – staart vis).

Extra: Eén leerling bedenkt een dier, maakt de combinatie en schrijft de naam op. Daarna worden de stukken weggenomen en de andere leerling moet de combinatie namaken.

Bron: Grote Rekendag 2011, Freudenthal Instituut

Opdracht

Je vindt hier het onderwerp, de doelen, de beginsituatie uit een les van een handleiding.

Onderwerp: Soorten lijnen: rechte, gebroken, gebogen lijnen, open en gesloten lijnen
Doelen: De leerlingen kunnen
- open en gesloten lijnen, rechte, gebroken en gebogen lijnen herkennen en benoemen,
- deze lijnen tekenen,
- lijnstukken meten en tekenen volgens opdracht.
Beginsituatie: De leerlingen kunnen
- lijnstukken meten tot op 1 cm nauwkeurig,
- lijnstukken tekenen tot op 1 cm nauwkeurig.

Werk een lesvoorbereiding uit gebruikmakend van de bouwstenen van meta-onderwijzen voor de eerste graad:
- Plaats de les in de leerlijn van meetkunde (gebruik het leerplan!). Waar bereidt deze les op voor? Welke voorkennis is nodig? Zoom in op de benaming uit de beginsituatie ('lijnstuk').
- Werk een lesgang uit.

Opdracht

Je vindt hier het onderwerp, de doelen, de beginsituatie uit een les van een handleiding.

Onderwerp: Maaltafel van 5
Doelen: De leerlingen kunnen
    - tellen met sprongen van 5 tot 100 op de getallenlijn en op het honderdveld,
    - inzien dat de vermenigvuldiging een verkorte vorm is van het herhaald optellen van gelijke getallen,
    - de maaltafel van 5 opbouwen vanuit concrete situaties,
    - de kenmerken van deelbaarheid door 5 onderzoeken,
    - de termen 'optelling' en 'vermenigvuldiging' gebruiken,
    - oplossingsstrategieën gebruiken om moeilijke producten af te leiden.
Beginsituatie: In vorige lessen werden de maaltafels van 2 en 10 opgebouwd. In deze les hanteren we voor het eerst de begrippen 'optelling' en 'vermenigvuldiging'.

Werk een lesvoorbereiding uit gebruikmakend van de bouwstenen voor meta-onderwijzen van de eerste graad:
- Plaats de les in de leerlijn Bewerkingen.
- Werk de lesgang uit.

Opdracht

Bekijk het filmpje "Persistence in Problem Solving" op
www.teachingchannel.org/videos/problem-solving-math
(je hoeft je niet te registreren).

a) Op welke manier werkt deze leerkracht aan het zelfvertrouwen van de leerlingen bij probleemoplossend denken?
b) Zie je gelijkenissen en/of verschillen tussen een wiskundeles in Vlaanderen en de Verenigde Staten?

3.3 Meta-onderwijzen in de tweede graad

3.3.1 Bouwstenen voor de tweede graad

Oefening

Beginsituatie: De leerlingen hebben in de vorige jaren reeds gewerkt met blokkenbouwsels, de verschillende zijaanzichten, van grondplan naar bouwsel en omgekeerd.

Oefening voor de leerlingen: Maak de blokkenbouwsels als de volgende aangezichten gegeven zijn:

Bouwsel 1

Vooraanzicht	Rechteraanzicht	Linkeraanzicht

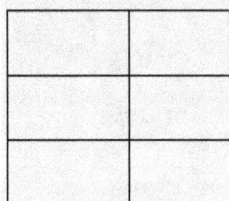

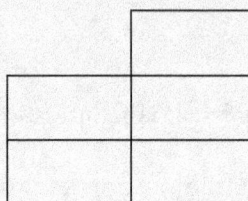

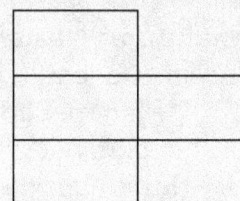

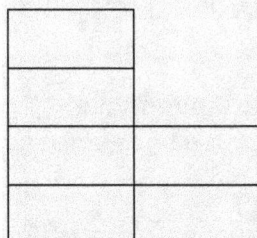

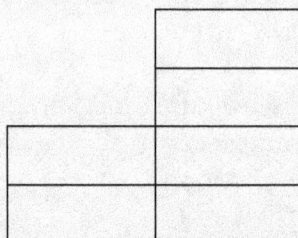

Bouwsel 2

Vooraanzicht	Rechteraanzicht	Linkeraanzicht

Los de bovenstaande oefening op met behulp van blokjes en noteer je werkwijze in het logboek:

a) Waar heb je eerst naar gekeken/ hoe ben je begonnen?

b) Hoe wist je hoe groot het grondplan was?

c) Hoe weet je dat jouw oplossing juist is (controle)?

d) Is dit de enige juiste oplossing?

e) Verzin zelf een context die je kan gebruiken om deze oefening in te kleden.

f) Met welke organisatorische aspecten ga je rekening houden bij het geven van deze opdracht?

g) Hoe kan je aan de hand van deze oefening differentiëren?

Bij het oplossen van dit probleem worden bouwstenen voor meta-onderwijzen uit de eerste graad uiteraard nog steeds gebruikt. Zo gebruik je *Ik plan* om een strategie te zoeken hoe je dit probleem gaat aanpakken (bv. bouw het vooraanzicht met zoveel mogelijk blokken en neem dan telkens blokken weg om de zijaanzichten te maken). Echter, nieuwe bouwstenen die in de eerste graad misschien impliciet aanwezig waren, worden nu in de bespreking van de oplossing expliciet naar voren gebracht.

Ik weet

✓ Als leerkracht kan je vertrekken van de vraag: Wat weet je al uit vorige, gelijkaardige opdrachten dat je kan gebruiken om dit probleem aan te pakken? Bijvoorbeeld, ook al zijn maar twee torens gegeven in het vooraanzicht, toch weet ik dat dit niet wil zeggen dat het grondplan 1x2 is, er kunnen meerdere oplossingen zijn omdat er informatie ontbreekt.

Ik onthoud

✓ In de nabespreking kan je vragen: Wat ga je, nadat het probleem is opgelost, onthouden? Is dit de uitkomst van het probleem? Dit kan zinvol zijn als weetje, maar soms is de methode, hoe het probleem is opgelost (welk materiaal, welke methode, …), even zinvol om te onthouden. In bovenstaand probleem kan het feit dat er meerdere juiste oplossingen zijn ook belangrijk zijn om te onthouden. Ook de methode van bijsturen en controleren is in bovenstaand probleem belangrijk. Leerlingen hebben namelijk soms de neiging om de torens te verschuiven of aanzicht na aanzicht te bouwen zonder rekening te houden met alle aanzichten.

✓ Hoe ga je samen met de leerlingen deze nieuwe kennis onthouden? Moeten de leerlingen dit vanbuiten te leren, of laat je hen dit opschrijven in een "onthoudboekje", of hang je dit klassikaal op zodat ze er volgende les zeker aan denken? Als je dit ophangt, wie maakt dit dan, hoe geef je dit vorm? Deze activiteiten zorgen er voor dat leerlingen meer betrokken zijn bij het leerproces, *zij krijgen en nemen zelf de verantwoordelijkheid* om nieuwe leerstof of vaardigheden te onthouden.

Ik orden

✓ Alvorens je aan een probleem begint, moet je heel wat informatie ordenen: wat is er gevraagd, wat is er gegeven? Welke gegevens heb ik nodig om het gevraagde op te lossen en wat is bijzaak? Leerlingen doen dit best door het probleem in eigen woorden te formuleren.

✓ Eens het probleem is opgelost, is er ook informatie om te ordenen. Het oplossingsproces kan gestructureerder worden opgeschreven of samengevat. Er zijn misschien verschillende manieren om het probleem aan te pakken (afkomstig van medestudenten), welke zijn efficiënt en welke niet? Als er meerdere antwoorden zijn, kunnen leerlingen hier structuur in vinden? Dit leidt misschien naar een nog efficiëntere oplossingswijze.

Ik gebruik

✓ Voordat een probleem wordt opgelost, is het belangrijk om te weten wat je allemaal nodig hebt om het te kunnen oplossen en waar je dit allemaal kan vinden. Welke bronnen moeten we raadplegen? Er zijn misschien veronderstellingen nodig, waar vind ik hier informatie over? Bijvoorbeeld, je wilt de lengte van een file met 100 auto's schatten. Op internet kan je dan de lengte van een personenauto opzoeken.

✓ Tijdens het oplossen van een probleem kan je ook gebruik maken van verschillende bronnen. Soms moet je zelf rustig nadenken en teruggrijpen naar wat je al weet, soms ben jij als leerkracht de eerste hulplijn en geeft je een hint. In andere gevallen kan een leerling kijken naar wat medeleerlingen doen en hier inspiratie in vinden. Dit betekent ook dat je als leerkracht vooraf goed moet nadenken over de instructie en de werkvormen. Afspraak kan zijn dat de leerlingen eerst alleen werken (vb. tijdsduur via timer instellen), nadien de mogelijkheid krijgen om hulp te vragen. Je kan ook je duo's gericht indelen zodat de leerlingen onmiddellijk hulp krijgen van elkaar; hierbij is het dan wel belangrijk dat je de leerlingen er op voorhand op attent maakt dat iedereen de oplossingswijze moet kunnen uitleggen. Op die manier kan je achteraf de leerlingen ook in kaart laten brengen wanneer en waar ze hulp ingeschakeld hebben en krijgen ze hopelijk meer inzicht in hun leerproces en de mogelijkheden die er zijn om gebruik te maken van verschillende 'bronnen'. Vanaf het moment dat leerlingen hier inzicht in hebben, zullen ze vermoedelijk gemakkelijker kunnen inschatten wat de mogelijkheden zijn om hieruit dan zelfstandig een keuze te maken. Dit proces moet je eerst ondersteunen als leerkracht.

✓ Bij de bespreking van het probleem is het als leerkracht zinvol om te vragen aan de leerlingen wat ze wanneer gebruikt hebben. Dit maakt deze fase expliciet naar de leerlingen toe en helpt hen in de toekomst hier bewuster mee om te gaan.

✓ Voor of na het oplossen van een probleem kan je aan de leerlingen vragen waar ze het probleem in het dagelijkse leven tegenkomen. Bij bovenstaand probleem zou dit kunnen zijn: als architect, als bouwvakker, ...

Oefening

Los het onderstaande probleem op, waarbij je expliciet aandacht besteedt aan het bespreken van alle of enkele van bovenstaande bouwstenen:

Op 1 september zien 9 vrienden elkaar terug op de speelplaats. Ze geven elkaar allemaal de hand. Hoeveel keren wordt er dan de hand geschud?

Doordenker:

Er zijn 10 mensen in een kamer, allemaal met een andere lengte. Als ze enkel een hand geven aan mensen die groter zijn dan zichzelf, hoeveel keren wordt er dan de hand geschud in de kamer?

Bron: Math problem solving ages 7-11, Dabell (2006)

Opdracht

Je vindt hier het onderwerp, de doelen, de beginsituatie uit een les van een handleiding.

Onderwerp: Kommagetallen (honderdsten)
Doelen: De leerlingen kunnen
- kommagetallen (tot twee decimalen) lezen en noteren,
- kommagetallen voorstellen met schijven en t- en h-kaartjes,
- kommagetallen situeren tussen twee opeenvolgende breuken,
- kommagetallen omzetten in een breuk met noemer 10 of 100 en omgekeerd,
- in een kommagetal de waarde van elk cijfer bepalen,
- het symbool h gebruiken.
Beginsituatie: In de vorige les werden de kommagetallen met één decimaal (tienden) ingevoerd.

Werk deze les uit, rekening houdend met de bouwstenen voor meta-onderwijzen voor de tweede graad.
- Plaats deze les in een leerlijn (gebruik het leerplan). Waar bereidt deze les op voor, welke specifieke voorkennis is nodig? Begrijp je de gebruikte terminologie?
- Denk eerst zelfstandig na over een mogelijke lesopbouw, rekening houdend met het kader uit de vorige oefening van de blokkenbouwsels.

Vergeet ook de focus uit de eerste graad niet. Ook hiervan kunnen er nog aan bod komen. Bijvoorbeeld ik wil: hoe werk je aan de motivatie van de leerlingen in deze les, hoe ga je ze intrinsiek motiveren? Ik plan: hoe kan je de leerlingen planmatig oefeningen laten oplossen? Sommige leerlingen grijpen misschien consequent terug naar de positietabel, anderen naar de breukenvoorstelling. Dit is hun plan om kommagetallen te vormen.

Opdracht

Je vindt hier het onderwerp, de doelen, de beginsituatie uit een les van een handleiding.

Onderwerp: Gewichten: kilogram en gram (50 min.)

Doelen: De leerlingen kunnen
- het metrieke stelsel verder opbouwen en daarbij het kilogram en het gram lezen, noteren en gebruiken,
- van allerlei voorwerpen en materiaal een gewicht van juist één kilogram en juist 100 gram afwegen,
- de symbolen kg en g lezen,
- weten dat 1 kg gelijk is aan tien keer 100 g en dat 1 kg gelijk is aan 1 000 gram,
- zo nauwkeurig mogelijk wegen en het resultaat van het wegen uitdrukken in gram,
- resultaten van metingen lezen en noteren in x kilogram en y gram,
- ervaren dat het gewicht niet alleen afhankelijk is van het volume.

Beginsituatie: De leerlingen kunnen één kilogram en honderd gram nauwkeurig afwegen. Zij weten dat één kilogram gelijk is aan tien keer honderd gram. Ze gebruikten hiervoor een weegschaal met gewichten en een weegschaal met schaalaanduiding. Ze maakten al kennis met het gram.

Werk deze les uit, rekening houdend met de bouwstenen voor meta-onderwijzen voor de tweede graad.

3.4 Meta-onderwijzen in de derde graad

Oefening

Bekijk het volgende probleem voor leerlingen in de derde graad:
De papierformaten zijn genummerd van A0 tot en met A8. In de tekening zie je dat elk volgende formaat de helft is van het vorige formaat. De afmetingen van een vel A0 is 1189 mm bij 841 mm. Wat zijn de afmetingen van een velletje A8?

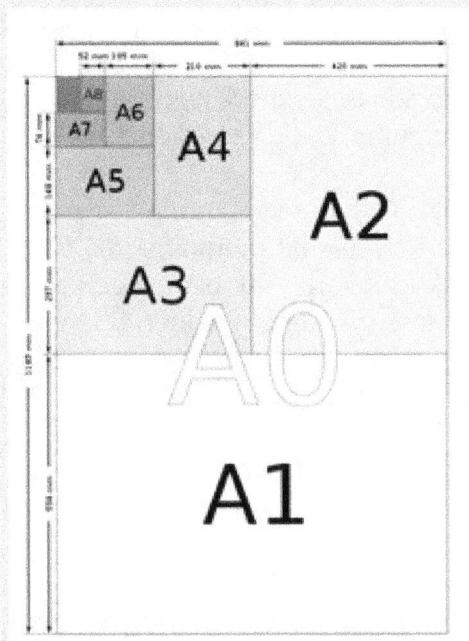

Los de bovenstaande oefening op en noteer dit in je logboek.

Kan je, naast jouw oplossingswijze, nog een andere oplossingswijze bedenken? Overleg met medestudenten.
Stel je oplossing voor aan de klas. Let op een goede verwoording.

Bij het oplossen van dit probleem worden bouwstenen uit de tweede graad uiteraard nog steeds gebruikt: ik weet, ik orden, ik onthoud, ik gebruik. Zo kan je enkele stappen op een nuttige (en letterlijke) manier gebruiken als volgt:
Ik **weet** dat ik met een groot blad (A0) begin waarvan de afmetingen gegeven zijn. De bladen worden steeds kleiner naarmate het rangnummer groter wordt. Ik ben op zoek naar de afmetingen van blad A8. Ik **orden** door op zoek ta gaan naar een patroon. Hiervoor **gebruik** ik misschien een tekening, of een tabel, of overleg ik met iemand om een idee te krijgen. Ik **onthoud** achteraf hoe een oplossingswijze die me het duidelijkst is, werkte om die bij nieuwe problemen ooit ook eens te proberen.

In de derde graad kunnen leerlingen meer afstand nemen en kunnen we het metacognitieve sterker inzetten om stappen voorwaarts te zetten. De volgende drie bouwstenen worden daarom toegevoegd in de derde graad. We formuleren hierbij vragen die je als leerkracht kan stellen aan de leerlingen om deze bouwstenen expliciet te maken.

Ik leer zelfstandig

- ✓ Is het zinvol om de leerlingen eerst de tijd en ruimte te geven om het probleem eerst rustig zelf door te nemen? Niet iedereen werkt graag samen. Misschien vond je het zelf vervelend om in groepjes van 4 samen te moeten gaan zitten?
- ✓ Had je hulp nodig van de leerkracht? Durfde je die vragen of wachtte je liever even af?

Ik leer van en met anderen

- ✓ Wat zijn de voordelen van het werken in groepjes? Duid iemand aan waarvan je een zinvolle tip hebt gekregen. Vond je het vervelend dat iemand anders aan het praten was terwijl jij nog even wilde denken?
- ✓ Heeft iedereen in de groep het probleem op dezelfde manier opgelost? Heb je zelf veel gedeeld met anderen? Misschien heb je zelf uitgelegd hoe je het probleem kan oplossen. Hebben de anderen naar jou geluisterd?

Ik reflecteer

- ✓ Vind je het tof om problemen zoals deze op te lossen?
- ✓ Als je nog zo een opgave zou krijgen, zou je dan op dezelfde manier beginnen? Probeer te benoemen wat je anders zou doen. Misschien ben je te snel aan het rekenen gegaan zonder nadenken, of had je een idee, maar twijfelde je dan omdat iemand anders een ander idee had?

✓ Heb je thuis ook al eens een probleem goed opgelost? Kan je een voorbeeld geven van een moeilijk probleem dat je al eens echt hebt opgelost?

✓ Is er een manier om te controleren of je de juiste oplossing hebt gevonden? Zoek op internet op of oppervlakte halveert per stap, dat zie je duidelijk. Is de oppervlakte van je A8 zestien keer kleiner dan de oppervlakte van een A0? Meet eens na hoe groot een A4-blad is. Klopt dit met je berekeningen?

Oefening

Bekijk de oplossing van het bovenstaand probleem door leerlingen van het zesde leerjaar op
http://www.grenzenverleggen.be/index.php/demolessen/ demoles-pod-zesde-leerjaar-battel, onderdeel *de meerwaarde van het maken van een tekening of fysische voorstelling*

Welke problemen ervaren leerlingen bij het oplossen van deze oefening? Hoe ondersteunt de leerkracht de leerlingen?

Oefening

1) Kan je een eenvoudigere versie van het bovenstaande probleem opstellen? Probeer dit op verschillende manieren.

2) Los het onderstaande probleem op, waarbij je expliciet aandacht besteedt aan het bespreken van de relevante bouwstenen voor meta-onderwijzen:

Een school heeft 1 000 leerlingen en ook 1 000 kluisjes om spullen in op te bergen. De kluisjes zijn genummerd van 1 tot en met 1 000. Alle leerlingen krijgen een kluisje. Voordat de leerlingen hun kluisje in gebruik kunnen nemen, doet de wiskundeleraar een spel. Het gaat als volgt:
* Alle kluisdeuren zijn dicht.
* Leerling 1 opent alle deuren in de tafel van 1. Dat zijn ze dus allemaal.
* Leerling 2 doet alle deuren in de tafel van 2 dicht.
* Leerling 3 verandert alle deuren in de tafel van 3: deuren die openstaan doet hij dicht en deuren die dicht zijn doet hij open.
* Enzovoort...
* Nu gaat het vlug: leerling 500 verandert kluisdeur 500 en 1000 van stand.
* Alle leerlingen na nummer 500 veranderen nog maar één kluisdeur.
* Leerling 1 000 verandert alleen nog kluisjesdeur 1 000.

Welke deuren staan open en welke zijn dicht? En waarom?

Bron: www.rekenbeter.nl

Opdracht

Je vindt hier het onderwerp, de doelen, de beginsituatie uit een les van een handleiding.

Onderwerp: Het volume van de cilinder
Doelen: De leerlingen
- kunnnen het volume van een cilinder berekenen
- ervaren en verwoorden dat ruimtefiguren met een verschillende vorm hetzelfde volume kunnen hebben
- kunnen referentiematen voor volume geven en gebruiken bij het schatten en zinvol afronden
- kunnen de relatie tussen omtrek, oppervlakte en volume van figuren onderzoeken, vaststellen en verwoorden
- kunnen meetresultaten uitdrukken in een passende standaardmaateenheid: m^3, dm^3 of cm^3
- kunnen bij wiskundige problemen soepel de link maken met geleerde begrippen, inzichten en procedures en die toepassen.
Beginsituatie: De leerlingen kennen de kenmerken van de cilinder, volumematen en het volume van kubus en balk.

Denk individueel na over de lesopbouw. Noteer dit in je logboek.
Bekijk daarna de handleiding van deze les in groepjes van vier studenten. Stuur de les uit de handleiding bij, rekening houdend met de bouwstenen voor meta-onderwijzen.
- Plaats deze les in een leerlijn (gebruik het leerplan). Waar bereidt deze les op voor? Welke specifieke voorkennis is nodig?
- Bekijk de handleiding kritisch. Wat vind je goed? Wat zou je willen veranderen? Vind je de bouwstenen voor meta-onderwijzen terug?
- Pas deze les aan. Welke vragen ga je stellen om de leerlingen hun denken te laten verwoorden?

3.5 Leerlijn metacognitie bij probleemoplossende vaardigheden

3.5.1 Wat is metacognitie?

Onderwijsfilosofen zoals Vygotsky benadrukten reeds het belang van bewuste reflectie als één van de essentiële factoren in het schoolse leren. Volgens Vygotsky zijn er twee stappen in de ontwikkeling van kennis, eerst de automatische onbewuste verwerving gevolgd door een stapsgewijze toename van de actieve bewuste controle over deze kennis. Dit komt in essentie neer op een scheiding tussen de cognitieve en metacognitieve aspecten van het gebruik van kennis. De term "metacognitie" werd geïntroduceerd door Flavell (1979) om te refereren naar "het individu's bewustzijn en nadenken over zijn of haar cognitieve processen en strategieën". Wanneer metacognitie in rekening wordt gebracht in het leerproces, gaat *effectief leren* dus verder dan het gebruik van informatie op zo'n manier dat deze geïntegreerd wordt in de reeds bestaande kennisbasis, maar wordt de aandacht ook gericht op wat er geïntegreerd wordt, op het begrijpen van de relatie tussen de nieuwe informatie en het reeds geleerde, op het begrijpen van de processen die dit bewerkstelligden en op het zich bewust zijn als iets nieuws uiteindelijk geleerd is.

Het metacognitief vermogen verandert met de leeftijd, en bijgevolg zijn oudere kinderen over het algemeen meer succesvolle leerlingen omdat ze een grotere hoeveelheid metacognitieve informatie hebben verworven. Het niet-gebruiken van deze strategieën is echter niet zo zeer verbonden met de leeftijd maar eerder met ervaring. Hier is een taak weggelegd voor leerkrachten om zelfs jonge kinderen te helpen om enkele meta-elementen te ontwikkelen die strategieën zijn bij succesvol leren.

De leerkracht kan deze metacognitieve reflectie aanwakkeren bij leerlingen door hen te vragen naar vroegere successen en problemen die ze hadden bij het oplossen van problemen. Taal speelt op deze wijze een cruciale rol bij het leren aangezien ze hét middel bij uitstek is om het redeneren expliciet te maken.

Leerlingen met leerproblemen falen niet alleen omdat ze te weinig kennis hebben over de taken, maar ook omdat ze de kennis en vaardigheden die ze bezitten niet gebruiken, omdat ze niet plannen, omdat ze geen strategie hebben om taken aan te pakken en hun vooruitgang te monitoren. Bijgevolg volstaat het niet om deze leerlingen expliciete kennis bij te brengen maar moeten ze ook ondersteuning krijgen in het metacognitief leren.

Kinderen variëren in hun vermogen om problemen op te lossen en om te leren van hun ervaringen. Deze individuele verschillen hangen samen met verschillen in intelligentie, verschillen in ervaringen en verschillen in het gebruik van metacognitieve processen. Vier metacognitieve processen blijken belangrijk te zijn in het oplossen van problemen (Fisher, 1998),

- Het probleem herkennen, de elementen van een gegeven situatie identificeren en definiëren.
- Het probleem voorstellen (concreet en mentaal), het probleem vergelijken met andere problemen.
- Plannen, beslissen over stappen, instrumenten en doelen stellen.
- De vooruitgang en de oplossing evalueren.

Het is voor een leerkracht belangrijk om na te denken over zinvolle vragen die de leerling helpt nadenken over zijn oplossingsstrategie. Hierbij wordt de nadruk gelegd op het eerst oriënteren op het probleem en niet te snel gaan oplossen. Het expliciet maken van denken komt vaak terug als een factor die de metacognitie zeer nadrukkelijk ondersteunt.

Eén manier om hier stappen in te zetten is door de taal van denken en leren expliciet te maken en te integreren in de planning van het onderwijzen en in de klasdiscussies. Het doel is om de woordenschat die we willen dat leerlingen gebruiken om hun eigen denken onder woorden te brengen te gebruiken om het onderwijzen te beschrijven, zoals bv. "De manier van denken die we vandaag gaan gebruiken is ...", "Deze les zal gaan over ...", ...

Leerlingen moeten uitgedaagd worden om dieper na te denken over wat ze zeggen, wat ze denken, door een gerichte vraagstelling. Dergelijke metacognitieve vraagstelling kunnen leerlingen net die uitdaging bieden die ze nodig hebben om zich bewust te worden van hun gedachten en gevoelens, hetzij voor, tijdens of na een activiteit.

Een manier om de metacognitieve taal te introduceren bij kinderen is door het gebruik van "hardop denken". Leerlingen kunnen hierbij geholpen worden door enkele wisselende metacognitieve vragen op te hangen in de klas zodat ze hier steeds aan kunnen denken, om bewustzijn van leren te evalueren (bv. Wat heb je geleerd? Wat vond je moeilijk? Wat deed je goed?), om houding en gevoelens te evalueren (bv. Wat doe/leer je het liefst?, Waar ben je trots op?) en in doelen te stellen (bv. Wat moet je beter doen?, Wat zou je helpen?, Wat zijn je doelen?).

Om kinderen te kunnen wijzen op hun leerproces is het zinvol om leerlingen verplicht hun denkproces te laten opschrijven in een schrift (bv. vraagstukkenlogboek, kladschrift, ...). Dit stelt de leerkracht ook in staat om meer te focussen op het proces in plaats van het product van de lessen.

In een volgende paragraaf zien we hoe een graduele opbouw per graad van het meta-onderwijzen wordt gegeven in een leerlijn. Hier worden de 11 bouwstenen van meta-onderwijzen verspreid over de 3 graden expliciet aangeleerd aan de leerlingen, met een duidelijke focus op het aanleren van een gerichte woordenschat en zinvolle vraagstelling.

3.5.2 Leerlijn meta-onderwijzen

Naast *het oplossen van wiskundige problemen*, vormt het zorgvuldig *leren aanpakken van wiskundige leertaken* een belangrijk onderdeel van de domeinoverschrijdende doelen van het leerplan Wiskunde. Dit laatste onderdeel is ook algemeen gekend onder de noemer Leren Leren. In 2012 werd er een leerlijn voor Leren Leren voorgesteld die de leerkracht én leerlingen toelaat om in eenvoudige taal het proces van Leren Leren te verwoorden (Stappaerts & Van Dommelen, 2012). Deze leerlijn is opgebouwd rond 11 zgn. sleutelcompetenties. Deze worden gevormd door de bouwstenen uit de vorige paragrafen.

> *"De leerlijn wordt doorheen de verschillende graden opgebouwd door telkens bepaalde sleutelcompetenties inhoudelijk te verkennen, te hanteren en te expliciteren. Op deze wijze komen attitudes, vaardigheden en strategieën die het Leren Leren bevorderen systematisch aan bod" (Stappaerts & Van Dommelen, 2012).*

Ik leer zelfstandig	Problemen oplossen doe ik zo					Ik leer van en met anderen
	Ik weet	Ik onthoud			Ik orden	
		Ik kan	Ik plan			
		Ik doe	Ik wil			
		Ik gebruik				
	Ik reflecteer					

In dit hoofdstuk heb je een probleem gekregen voor de eerste graad, de tweede graad en voor de derde graad. Daarbij werd je telkens gevraagd om je oplossingswijze duidelijk te maken. Maar we hadden ook aandacht voor de bouwstenen uit dit schema die passen bij het niveau van de leerlingen voor wie dit probleem bestemd is. Zo zijn de vier bouwstenen helemaal in het midden (ik wil, plan, orden en doe) bedoeld voor de eerste graad, de vier bouwstenen daarrond (ik weet, orden, onthoud, gebruik) voor de tweede graad en zijn de buitenste bouwstenen (ik leer zelfstandig, met en van anderen en reflecteer) van het hoogste abstractieniveau en dus voor de derde graad.

De bedoeling hiervan is om de leerlingen van jongs af aan vertrouwd te maken met een soort taal of zelfbevraging die hopelijk zal leiden tot sterkere probleemoplossende vaardigheden.

Eerste graad: Bouwstenen IK KAN – IK WIL – IK PLAN – IK DOE
Ik kan: werken aan zelfvertrouwen en zelfkennis
De leerlingen werken aan taken die haalbaar zijn en leren dat ze zelfstandig oefeningen kunnen oplossen. Doordat de verschillende domeinen van wiskunde aan bod komen, ontdekken ze dat er onderwerpen zijn die ze gemakkelijk vinden en anderen die moeilijker zijn. Het is de taak van de leerkracht om hier de leerlingen positief aan te moedigen en te geloven dat leerlingen tot veel in staat zijn.

Ik wil: werken aan motivatie en betrokkenheid
De leerlingen krijgen de kans op zelf oplossingsmethoden voor te stellen. Op deze manier ervaren ze dat ze ook zelf een bijdrage kunnen leveren aan de les wat de motivatie en betrokkenheid vergroot.

Ik plan: doelgericht vooruitblikken en plannen in de tijd en ruimte
Vooraleer de leerlingen een probleem gaan oplossen, denken ze na over het gehele oplossingsproces: welke stappen gaan we zetten, welke tussenresultaten mogen we verwachten, welke problemen kunnen er optreden, ... ? De leerkracht stelt hier gerichte vragen om het denken van de leerlingen te stimuleren.

Ik doe: aan de slag, en hoe?
De leerlingen lossen het probleem of de oefening op volgens de opgestelde planning. De leerkracht stuurt de leerlingen bij tijdens de verschillende stappen van het proces.

Tweede graad: Bouwstenen IK WEET – IK ORDEN – IK ONTHOUD – IK GEBRUIK

Ik weet: Wat weet ik al? Hoe kan ik meer te weten komen?
De leerlingen spreken hun voorkennis van het onderwerp aan: wat kennen en weten ze hier al over? Is dit voldoende? Zo niet, bij wie kan ik terecht voor meer informatie: klasgenoten, boeken, internet, leerkracht, ... ? De leerkracht helpt de leerlingen in eerste instantie bij de selectie van de bronnen. Vooral op internet zorgt de leerkracht al voor een keuze van de websites, eventueel zelfs waar het op de website staat.

Ik orden: Vind ik wat ik nodig heb en (hoe) krijg ik er zicht op?
Het verzamelen van informatie levert heel wat materiaal op. De leerlingen moeten leren te onderscheiden wat relevant is en wat niet. Dit is ook van toepassing op het lezen van vraagstukken: wat heb ik nodig om een probleem op te lossen en welke informatie is overbodig? De leerkracht fungeert hier als coach. Door een "reflectiegerichte" vraagstelling helpt de leerkracht de leerlingen bij het selecteren en ordenen van de informatie.

Ik onthoud: Wat mag (wil) ik niet vergeten en hoe kan ik dit het beste onthouden?
Op het einde van een oefening of een les is er een kort reflectiemoment: wat hebben we nu geleerd, wat was de essentie die ik als leerling zeker moet (wil) onthouden voor een volgende les? De leerlingen denken ook na over de manier waarop het te onthouden wordt meegenomen: in een schrift, zichtbaar in de klas, op steekkaarten, ... Als leerkracht is het belangrijk om dit alles door gerichte vraagstelling uit de leerlingen zelf te laten komen.

Ik gebruik: Wat doe ik er verder mee en hoe gebruik ik wat ik geleerd heb?
Binnen wiskunde komt dit vooral neer op het zoeken van veralgemeningen van oplossingsprocedures. Werkt de gebruikte oplossingsstrategie enkel bij dit concrete vraagstuk of kan ik dit nog toepassen? Wat moet er veranderen aan de opgave vooraleer ik deze manier van oplossen niet meer kan toepassen? Kan ik de oplossing van dit probleem veralgemenen naar andere situaties?

Derde graad: Bouwstenen IK LEER ZELFSTANDIG – IK LEER VAN EN MET ANDEREN – IK REFLECTEER (OVER HOE IK LEER)

Ik leer zelfstandig: zelfstandig leren omgaan met IK KAN – IK WIL – IK PLAN – IK DOE – IK WEET – IK ORDEN – IK ONTHOUD – IK GEBRUIK
Iedere leerling heeft een traject af te leggen om zich de bouwstenen effectief eigen te maken om ze daarna ook zelfstandig in te zetten. De leerkracht fungeert hier opnieuw als coach.

Ik leer van en met anderen: Hoe leer ik meer door samen te werken en hoe kan ik anderen iets leren?
Problemen oplossen doe je niet op een eiland. Gericht beroep leren doen op anderen, constructief leren samenwerken (bv. bij coöperatief leren), maar ook aan anderen iets leren, ondersteunt het leerproces. Tijdens klassikale reflectiemomenten kunnen de leerlingen aan elkaar duidelijk maken hoe ze

een probleem hebben aangepakt, welke problemen ze zijn tegengekomen, wat ze moeilijk vonden, wat ze geleerd hebben, ...

Ik reflecteer (over hoe ik leer): Hoe leer ik het best, welke strategieën passen bij mij en wat kan ik daar zelf uit leren?

3.5.3 Omgaan met handleidingen

De wiskundehandleidingen gaan vaak op een verschillende manier om met het domein probleemoplossend denken. In sommige handleidingen worden er specifieke lessen rond probleemoplossend denken voorzien waarin het stappenplan wordt aangeleerd en toegepast op vraagstukken. In andere handleidingen daarentegen wordt in de inleiding enkel vermeld dat probleemoplossend denken geïntegreerd zit in alle lessen. Het is dan echter niet altijd even zichtbaar rond welk onderdeel van probleemoplossend denken precies gewerkt wordt in concrete lessen.

Over het algemeen kunnen we concluderen dat er geen tot een zeer beperkte opbouw of leerlijn rond probleemoplossend denken aanwezig is in de wiskundehandleidingen gedurende de lagere school. De verschillende aspecten van het wiskundig denken, of een link met een leerlijn rond meta-onderwijzen, worden nergens expliciet vermeld waardoor het voor de leerkrachten moeilijk wordt om met al deze facetten rekening te houden. Het is daarom aangewezen om bij het ontwikkelen van lessen of opdrachten rond eender welk leerdomein van wiskunde steeds aandacht te hebben voor de verschillende aspecten van het wiskundig denken en te zoeken naar manieren om deze te integreren in de les.

De leerlijn meta-onderwijzen en het concreet verwoorden van elementen van wiskundig denken bieden daarenboven een kader en woordenschat om gericht te gaan differentiëren door verschillende leerlingen dezelfde oefening te laten oplossen, maar met verschillende diepgang. Bijvoorbeeld, op een werkblaadje kunnen twee oefeningen aangeboden worden die door sommige leerlingen apart worden opgelost, terwijl andere leerlingen de taak hebben het verband tussen beide oefeningen te zoeken (= integratie denken).

4   Klassieke fouten van leerlingen

Oefening

Los onderstaand probleem op in je logboek:
Wim woont 13 km van school en Hannelore 7 km. Hoeveel km wonen Wim en Hannelore van elkaar?

Bespreek in groep je oplossing:
   - Heeft iedereen dezelfde oplossing?
   - Heeft iedereen dezelfde heuristiek gebruikt?
   - Welke problemen zouden leerlingen hebben bij het oplossen van deze oefening? Waaraan zouden deze problemen te wijten kunnen zijn?
   - Hoe ga je als leerkracht inspelen op deze problemen, de problemen voorkomen, of net niet?

4.1 Vaardigheden nodig bij probleemoplossend denken

Vanuit ervaring en onderzoek (Verschaffel, De Corte, Lasure, & Van Vaerenbergh, 1999) weet men dat nogal wat leerlingen op het einde van de basisschool (en spijtig genoeg ook op latere leeftijd) de verschillende vaardigheden die nodig zijn om vraagstukken op een efficiënte en succesvolle manier op te lossen, helemaal niet of in onvoldoende mate beheersen.

Men stelt dat om vraagstukken op te lossen leerlingen moeten beschikken over een aantal competenties die ze hierbij kunnen toepassen. Deze zijn:

Een goed georganiseerd en flexibel toegankelijk kennisbestand

Dit omvat enerzijds vakkennis (= wiskundige kennis, d.w.z. kennis van symbolen, regels, formules, begrippen, …) en anderzijds ervaringskennis (i.v.m. de concrete situatie waar het in het probleem om gaat).

Zoekstrategieën

Dit zijn verstandige zoekstrategieën die weliswaar geen garantie bieden op het vinden van de oplossing van een gegeven probleem, maar die de kans daartoe wel aanzienlijk vergroten (bv. een probleem in deelproblemen splitsen, zoeken naar een makkelijker analoog probleem, schatten, een tekening van de situatie maken, een probleem grondig analyseren,…).

Metacognitie

Hier kunnen we een onderverdeling maken in twee luiken, nl. metacognitieve kennis (= de kennis die men heeft over zijn eigen cognitief systeem en het eigen intellectueel functioneren. bv. kennis over je eigen zwakke punten) en metacognitieve vaardigheden (= vaardigheden waarmee het eigen denk- en leerproces gestuurd en gereguleerd wordt zoals reflecteren op de zelf doorgemaakte oplossingsactiviteit).

Affectieve aspecten

Dit heeft te maken met iemands subjectief en emotioneel geladen beeld van wat wiskunde en wiskundeleren inhoudt. (bv. 'Wiskunde is mijn lievelingsvak', ' Ik kan geen vraagstukken oplossen').

4.2 Tekorten bij leerlingen in verband met het oplossen van wiskundige toepassingsproblemen

Het is juist op het vlak van bovengenoemde componenten dat er bij leerlingen heel wat tekorten te signaleren zijn.

Oefening

Lees het vraagstuk en het antwoord van een leerlingen telkens aandachtig.
a) Los het vraagstuk eerst zelf op. Wat is jouw antwoord? Hoe heb je de opgave aangepakt?
b) Welke fout maakte de leerling? Waaraan zou dat kunnen liggen? Situeer de fout binnen de vaardigheden die nodig zijn bij het probleemoplossend denken.

1) Een pakje boter kost in de Rolcuyt € 2. Dit is € 0,50 minder dan in de Heldaize. Hoeveel kost een pakje boter in de Heldaize?
Antwoord: *2 - 0,50 = 1,50*

2) Een boer heeft 8 uur nodig om zijn vierkant stuk land met een zijde van 200 m te bemesten. Hoeveel uur zal hij ongeveer nodig hebben om een gelijkaardig vierkant stuk land met een zijde van 600 m te bemesten?
Antwoord: *24 uur*

3) Koffie kost €7 per kg. Hoeveel kost 0,75 kg?
Antwoord: *7 : 0,75 = 933*

4) Jan koopt 4 planken van 2,5 m lengte. Hoeveel planken van 1 m kan hij hier uit zagen?
Antwoord: *4 x 2,5 = 10   → 10 planken*

5) In een boot zitten 24 schapen en 13 koeien. Hoe oud is de kapitein?
Antwoord: *37 jaar*

6) Een boer heeft een weide zoals hieronder getekend staat. Hoe groot is de oppervlakte van die weide?

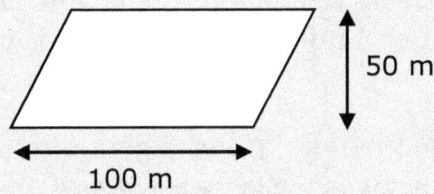

Antwoord: *Ik ken de formule voor de oppervlakte van een parallellogram niet meer, dus ik kan het antwoord niet vinden.*

7) In een bus van het leger kunnen 36 soldaten. Als 1 128 soldaten naar het oefenterrein vervoerd moeten worden, hoeveel bussen zijn er dan nodig?
Antwoord: *Er zijn dan 31 bussen nodig.*

Onderstaande typische tekorten worden vastgesteld bij leerlingen uit de laatste jaren van de basisschool:

Tekorten op het vlak van domeinspecifieke kennis

Het kan hier gaan over:
- een tekort aan vakinhoudelijke kennis (zie opgave 3 en opgave 6)
- een tekort aan vakinhoudelijke vaardigheden
Voorbeeld: een staartdeling niet kunnen maken
- misvattingen
Voorbeeld: denken dat bij een vermenigvuldiging het resultaat steeds groter moet zijn dan het vermenigvuldigtal en dat een deling steeds kleiner maakt.

Oefening

a) Geef een betekenisvol voorbeeld om aan te tonen dat bij een vermenigvuldiging het resultaat niet steeds groter moet zijn dan het vermenigvuldigtal.
b) Geef een betekenisvol voorbeeld waarmee je aantoont dat een deling niet steeds kleiner maakt.

Tekorten in het toepassen van heuristieken (verstandige zoekstrategieën)

Vaak gebruiken leerlingen oppervlakkige strategieën om vraagstukken aan te pakken. Zo is uit onderzoek gebleken dat leerlingen zelden schatten bij complexe opgaven met moeilijke getallen (Siegler & Booth, 2004). In een ander onderzoek bij iets oudere kinderen is gebleken dat bij niet-routine vragen er te snel lineair gedacht wordt. Een aantal andere voorbeelden:

Voorbeeld a:
Leerlingen kiezen de meest voor de hand liggende bewerking op basis van de aard van de gegevens: 78 en 54 betekent optellen of aftrekken; 78 en 3 betekent delen of vermenigvuldigen.

Voorbeeld b:

Leerlingen baseren zich op sleutelwoorden om een strategie te bepalen:
Piet heeft 9 appels, An heeft er 6 **minder**. Hoeveel heeft An er?

9 – 6 = 3   GOED

Eén pakje boter kost in de Rolcuyt € 2. Dit is € 0,50 **minder** dan in de
Heldaize. Hoeveel kost een pakje boter in de Heldaize?

2 – 0,50 = 1,50   FOUT

Voorbeeld c:

Leerlingen passen de bewerkingen toe die ze het laatst gezien hebben of
die ze het best kunnen.

Voorbeeld d:

Leerlingen beschikken niet over de reflex om een tekening te maken en
passen de meest voor de hand liggende bewerking toe. (zie opgave 2)

Voorbeeld e:

Leerlingen lopen vast omdat ze niet over voldoende zoekstrategiën
beschikken. Bij opgave 6 zou de zoekstrategie 'deel het probleem op in
eenvoudigere deelproblemen' een hulp geweest zijn om toch tot een
oplossing te komen zonder dat de formule van de oppervlakte van een
parallellogram gekend is.

Gebrek aan metacognitieve vaardigheden

Men stelde vast dat leerlingen en studenten zelden een probleem grondig
analyseren, zelden een oplossingsproces controleren en bijsturen. Het
controleren blijft vaak beperkt tot de juistheid van de bewerkingen. Uit
onderzoek is gebleken dat leerlingen bij lastige rekenvraagstukken slechts
in 5% van de gevallen het antwoord controleren en als er een controle is,
dan wordt deze meestal beperkt tot controle van het rekenwerk. Zelden
wordt dus de juistheid van de gevolgde denkweg of de zinvolheid van het
gegeven antwoord gecontroleerd (zie opgave 3). Meestal gaat men als volgt
te werk: opgave snel lezen, onmiddellijk daarna een reeks bewerkingen
noteren en uitvoeren, daarmee doorgaan zonder na te denken over
eventuele alternatieve oplossingswegen zelfs als men vastgeraakt.

**Negeren van ervaringskennis tijdens het oplossen van
vraagstukken**

Het gevolg hiervan is dat ook bij absurde problemen (absurde) antwoorden
gegeven worden. Bij andere problemen wordt hierdoor dikwijls een niet
realistisch antwoord gegeven.
Voorbeelden:
- negeren van ervaringskennis tijdens het oplossen van een probleem: zie
opgave 4.
- negeren van ervaringskennis om het antwoord te controleren op
zinvolheid:
→ zie opgave 5: bij deze opgave gaf 60% van de leerlingen aan wie deze
vraag voorgelegd werd, een antwoord.

→ zie opgave 7: minder dan een derde van de leerlingen die de deling correct uitvoerde, gaf bij deze opgave het meest realistische antwoord.

Inadequate denkbeelden en houdingen

Misvattingen over wiskunde hebben een negatieve invloed op de aanpak van problemen. Voorbeelden van dergelijke opvattingen die voor verandering in aanmerking komen:

- Er is slechts één correct antwoord.
- Er is slechts één correcte manier om een wiskundig probleem aan te pakken (meestal de laatst aangeleerde formule of techniek).
- Voor middelmatige leerlingen is het onmogelijk om een nog niet gezien vraagstuk zelfstandig tot een goed einde te brengen.
- Een vraagstuk oplossen is een kwestie van geluk.
- Het oplossen van een wiskundig toepassingsprobleem kan hoogstens 5 minuten in beslag nemen.
- De wiskunde die op school geleerd wordt, heeft weinig of geen verband met de echte wereld.

4.3 Oorzaken van de vastgestelde tekorten

Opdracht

In bijlage 1 van de cursus vind je een vragenlijst met betrekking tot vraagstukken.
a) Vul deze lijst in.
b) Welke inadequate denkbeelden en houdingen hebben leerlingen volgens jou met betrekking tot vraagstukken en wiskunde in het algemeen?

De oorzaken van deze teleurstellende vaststellingen moeten gezocht worden in de opgaven, de vraagstukkenlessen en de klascultuur.

Een stereotiep en wereldvreemd opgavenaanbod

Dit heeft tot gevolg dat de probleemanalyse te oppervlakkig wordt aangepakt. Door het stereotiep opgavenaanbod wordt 'het zich voorstellen van het probleem' overgeslagen omdat het vooral gaat om het toepassen van een eerder aangeleerde rekenregel of techniek op verwante opgaven.

Leerlingen zijn bovendien vaak geneigd hun eigen ervaringskennis tussen haakjes te plaatsen bij probleemoplossend denken. De leerlingen worden te vaak geconfronteerd met standaardopgaven en worden hierdoor te weinig geprikkeld om na de denken over de ingewikkelde relatie tussen wiskunde en realiteit en de problemen die zich voordoen bij het gebruik van een wiskundig model om reële probleemsituaties op te lossen. Rijke opgaven die de leerlingen kunnen prikkelen om zich te bezinnen over de ingewikkelde relatie tussen wiskunde en realiteit zijn veeleer een zeldzaamheid.

Onvoldoende krachtige instructietechnieken en werkvormen

De manier waarop de leerkracht en de leerlingen tijdens de vraagstukkenlessen met deze opgaven omspringen, is meestal van die aard dat de klemtoon teveel gelegd wordt op individueel en schriftelijk (leren) oplossen van vraagstukken, aan de hand van opgelegde, vaste standaardoplossingsschema's en –procedures. Er wordt nog onvoldoende gewerkt met krachtige instructietechnieken gericht op de ontwikkeling van waardevolle heuristische en metacognitieve vaardigheden zoals:

- modelleren: het voordoen van het vaardig oplossingsgedrag door de leerkracht via de techniek van hardop denken.
- scaffolding: het geven van tijdelijke ondersteuning bij onderdelen van de taak die de leerling nog niet (helemaal) zelfstandig kan.
- coachen: het observeren van leerlingen die individueel of in groep bezig zijn met de uitvoering van de taak en het geven van aanwijzingen, suggesties en feedback, … .
- expliciteren: tussenkomsten van de leerkracht die de leerlingen ertoe aanzetten om hun eigen opvattingen en denkprocessen te verwoorden en ze daardoor als het ware voor zichzelf en voor anderen zichtbaar te maken.
- reflecteren: leerlingen stimuleren tot en helpen bij het kritisch beoordelen van de eigen denk- en oplossingswijzen, o.a. via vergelijking met die van anderen.

Een niet-ondersteunende klascultuur

Allerlei subtiele en moeilijk zichtbare aspecten van het dagelijkse ritueel blijken in sterke mate bij te dragen tot de ontwikkeling van oppervlakkige aanpakstrategieën, inadequate denkbeelden en negatieve houdingen zoals:

- de hoeveelheid tijd die de leerlingen krijgen bij bv. het oplossen van een probleemopgave.
- de wijze waarop de leerkracht reageert op vragen of opmerkingen.
- de manier waarop er een eind gemaakt wordt aan een discussie over de juistheid van een interpretatie van of oplossing voor een vraagstuk.
- de manier waarop de leerkracht punten geeft op een toets probleemoplossend denken.

Oefeningen

1) Los onderstaande oefening op door één van de volgende heuristieken te gebruiken: maak een boomdiagram, probeer verstandig uit, zoek een patroon in gegevens, werk met eenvoudigere getallen.

Marthe wil een fiets kopen en heeft tot nu toe al € 140,00 gespaard. Ze krijgt elke week € 8,00 zakgeld. Daarvan geeft ze wekelijks € 1,30 uit aan Walt Disney-prentjes voor in haar plakboek. Om wat extra geld te verdienen, draagt Marthe eenmaal in de week, op woensdagnamiddag van 14.00 tot 17.00 uur reclamebladjes rond in haar woonwijk. Ze krijgt daarvoor € 4,00 per uur. Marthe weet al heel goed welke fiets ze wil kopen. Hij kost € 225,00. In de fietsenwinkel zijn ze bereid de fiets voor haar opzij te zetten. Binnen hoeveel weken zal Marthe de fiets kunnen kopen?

2) Bekijk de oplossingen die gegeven worden op onderstaand probleem. Identificeer waar het fout liep.

Een groothandelaar moet 200 doosjes met lampen verzenden en verpakt daarom de doosjes in een grote houten kist. In deze kist kunnen er 8 doosjes achter elkaar, 8 doosjes naast elkaar en 4 doosjes op elkaar staan. Zal deze man erin slagen om die 200 doosjes met lampen in deze kist te krijgen?

Oplossing 1:

$8 + 8 + 4 = 20$

Neen, deze man zal er niet in slagen om die 200 doosjes met lampen in deze kist te krijgen, want er kunnen maar 20 doosjes in deze kist.

Oplossing 2:

$8 \times 8 \times 4 =$
$8 \times 8 = 64$

$$\begin{array}{r} 64 \\ 4 \\ \times \overline{} \\ \overline{116} \end{array}$$

Neen, deze man zal er niet in slagen om die 200 doosjes met lampen in deze kist te krijgen, want er kunnen maar 116 doosjes in deze kist.

Oplossing 3:

$8 \times 8 \times 4 =$
$8 \times 8 = 64$

$$\begin{array}{r} 64 \\ \times 4 \\ \hline 256 \end{array}$$

Neen, want 256 is veel meer dan 200.

3) Los onderstaand probleem volledig en zo efficiënt mogelijk op.

De medewerkers van het Rode Kruis hebben een geldinzamelactie gepland. Ze hebben op het marktplein een groot kruis getekend. Op de tekening hieronder zie je de precieze afmetingen van dit kruis. Dit kruis willen ze helemaal bedekken met munten van 10 eurocent. Hoeveel munten zullen er ongeveer nodig zijn om dit kruis helemaal te bedekken?

15 m

5 Verschillende soorten problemen

Oefening

Verzin een vraagstuk geschikt voor het 4de leerjaar met volgende gegevens:
Context: Wout en Lotte verzamelen Panini-stickers.
Kwantitatieve gegevens: 30, 528 en 631.

Bespreek per twee. Welke gelijkenissen stel je vast, welke verschillen?

In de volgende secties bespreken we kort verschillende typen van vraagstukken.

5.1 Vraagstukken als eenvoudige ingeklede bewerkingen

5.1.1 Ingeklede bewerking met als doel: het herkennen van de bewerking

Doel: Betekenis geven aan de bewerkingen. Kinderen leren herkennen welke bewerking past bij een situatie. De bewerkingen zelf worden eenvoudig gehouden. Voor de vier bewerkingen worden situaties gegeven zodat de verschillende betekenissen (veranderings-, vergelijkings- en combinatiesituaties, verdeel- en verhoudingsdelingen) aan bod komen.

Voorbeelden:

- *An heeft 4 appels, Jan heeft er drie. Hoeveel appels hebben An en Jan samen?*
- *An heeft drie appels, Jan heeft er vier meer. Hoeveel heeft Jan er?*

Ook komen moeilijkere situaties voor, waar de bewerking minder voor de hand ligt.

- *An heeft 3 appels meer dan Jan. Ze heeft er 10. Hoeveel heeft Jan er?*

Het is voor de kinderen niet altijd vanzelfsprekend welke bewerking ze moeten uitvoeren. Vaak laten ze zich misleiden door **sleutelwoorden**. Ze luisteren niet naar de vraag en gaan meteen rekenen. Zien ze het woord "meer", dan gaan ze optellen, "keer" staat voor vermenigvuldigen want op deze wijze hebben ze meestal bijna alle opgaven goed. Het is daarom belangrijk om er op te letten dat de vraagstukken zo zijn opgesteld dat ze moeten gelezen en geïnterpreteerd worden, dat de sleutelwoorden regelmatig misleiden, zodat goed lezen een gewoonte wordt.

Oefening

Welk sleutelwoord kan de kinderen van het tweede leerjaar misleiden bij het oplossen van onderstaande oefening?

Lien heeft acht stickers. Joost geeft haar drie stickers die hij dubbel heeft. Hoeveel stickers heeft Lien nu?

Lien heeft nu . stickers.

Bron: Nieuwe Tal-Rijk 2

Soms kan een **schema** ook een brug zijn tussen de tekst en de bewerking, maar als de bewerking onmiddellijk herkend wordt, is dit schematiseren overbodig. Let er dan ook op dat je in een schema geen uitkomst zet, plaats eerder een **vraagteken** op de plaats in het schema waar er iets moet gezocht worden.

Het is best al vanaf het eerste leerjaar de gewoonte aan te leren om het antwoord te **controleren**.

5.1.2 Vraagstukken met als doel: inoefenen van de wiskundetaal

Ook hier zijn de vraagstukken geen doel op zich. Er wordt gekeken in hoeverre kinderen de rekentaal beheersen en de leerkracht helpt hen de vraagstukken te analyseren.

Voorbeelden:

- *"Van welk getal is zes de helft?"*

    → Velen nemen de helft van zes.

- *"Welk getal is één minder dan het dubbel van 23?"*

Moeilijkheid: het interpreteren van de taal.

Een **leergesprek** is ook hier onmisbaar, anders wordt er niets bijgeleerd. Deze vraagstukken worden best klassikaal of in groepjes opgelost. **Interactie** is hier zeer belangrijk.

Algemeen kan je stimuleren om zoveel mogelijk te vereenvoudigen, moeilijkere uitspraken te vervangen door eenvoudigere. Ook hier kan het **voorstellen van de bewerkingen** door pijlen hulp bieden.

5.1.3 Vraagstukken met als doel: inoefenen van rekentechnieken

In het eerste leerjaar leren de kinderen optellen en aftrekken tot 20. Ze krijgen eenvoudige ingeklede bewerkingen, ze moeten de bewerking herkennen en uitvoeren.

In het tweede leerjaar leren de kinderen optellen tot 100 en in vraagstukjes worden steeds bewerkingen tot 100 ingekleed.

In de hogere klassen leren de kinderen cijferend optellen, delen ... . Ze krijgen vraagstukken waarbij dit cijferen nuttig is.

Weer zijn vraagstukken een middel en geen doel. Vraagstukken tonen je waarvoor je rekenen nodig hebt.

De problemen hier zijn dan eerder rekenproblemen, de te gebruiken bewerking ligt voor de hand. Hier wordt best **individueel** geoefend omdat er vaak te veel verschil in tempo is.

5.2 Vraagstukken waarin meer gegevens voorkomen en bewerkingen gecombineerd moeten worden

Doel: leren ordenen van gegevens en een werkplan opstellen.

Vanaf het vierde leerjaar komen vraagstukken aan bod waarin meer gegevens voorkomen en eventueel bewerkingen moeten worden gecombineerd.

Voorbeeld:

Drie kinderen hebben elk twee doosjes die twaalf kleurpotloden bevatten. Hoeveel potloden hebben ze samen?

Hier moet een kort werkplan opgesteld worden:
Wat moeten we uitrekenen? Wat daarna?
We laten hen dit eerst noteren. Daarna gaan ze pas rekenen.
Hoeveel doosjes? Hoeveel potloden?
Hier kan men de pijlenvoorstelling gebruiken, maar of dit inzicht bijbrengt is de vraag.

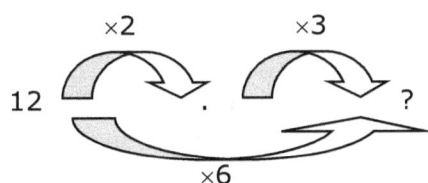

Voorbeeld:

Ik koop 2 boeken van € 23 elk en één van € 34. Hoeveel moet ik betalen?

Ook hier is het gebruik van de pijl erg kunstmatig. Beter is een soort boodschappenlijstje.

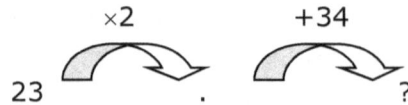

Het opstellen van een werkplan is hier heel belangrijk. Veel kinderen raken al het noorden kwijt bij het zien van meer dan twee getallen. We moeten hen leren het probleem op te splitsen in deelproblemen. We zouden zelfs oefeningen kunnen maken waarbij nog niet gerekend mag worden, maar waar alleen het werkplan wordt gevraagd.

5.3 Vraagstukken met overtollige of ontbrekende gegevens

Doel: Verband zien tussen gevraagde en gegevens.

5.3.1 Vraagstukken zonder vraag

Vanuit een aantal gegevens moeten kinderen zelf een zinvolle (wiskundige) vraag bedenken.

Voorbeeld:

Ellen heeft 12 autootjes, haar broer heeft er 32.

5.3.2 Vraagstukken met een onzinnige vraag

Voorbeeld:

Een herder heeft 25 koeien en 13 schapen. Hoe oud is hij?

Dit kan opgegeven worden om de kinderen bewust te maken dat goed lezen noodzakelijk is. Veel kinderen blijken alleen de getallen te lezen en het sleutelwoord "en", en gaan gewoon optellen. Deze werkwijze levert bij meer dan 90% van de opgaven een correct antwoord. Maar is dat wel zinvol?

5.3.3 Vraagstukken met teveel gegevens

Dit verplicht kinderen om na te denken, om de situatie te analyseren. Eerst moeten ze kijken wat gevraagd wordt om daarna te selecteren. Dit is zeker belangrijk voor problemen in de realiteit. Daar hebben we meestal een massa overtollige gegevens.

Oefening

Bedenk een vraagstuk met minstens één overbodig gegeven voor kinderen van het tweede leerjaar.

5.4 Vraagstukken gericht op het leren herkennen van een wiskundige structuur

Bijvoorbeeld: Ongelijke verdeling

Deze vraagstukken hebben een eigen wiskundige structuur: een combinatie van een som- en een maalstructuur. De moeilijkheid is meestal dat men het verband geeft tussen de delen, maar dat men dat niet kan noteren omdat het begindeel onbekend is. Later, in de algebra, kan men zo'n onbekend deel laten noteren als x. In de basisschool leren de kinderen dit onbekende deel voor te stellen door een lijnstuk. Het leren schematiseren is hier zeker een belangrijke doelstelling.

Twee basissoorten:

a) <u>Het verschil tussen de delen is gegeven</u>

Voorbeeld: *An en Jan hebben samen € 300. An heeft € 28 meer dan Jan. Hoeveel geld heeft ieder?*

An | + € 28

Jan

} Samen € 300

Dus | € 300 - € 28 = € 272

Antwoord: Jan heeft € 136 en An € 164.

Controle: € 164 + € 136 = € 300

Meestal als we kinderen met het eerste probleem confronteren, gaan ze 300 delen door 2 en daarna 28 bij het kleinste deel bijtellen. Bij het maken van de proef ontdekken ze dan wel hun fout en gaan ze corrigeren tot ze bij de juiste oplossing komen. Dit leidt echter niet tot een echte strategie.

b) <u>De verhouding tussen de delen is gegeven</u>

Voorbeeld: *An en Jan hebben samen 24 knikkers. An heeft $\frac{3}{5}$ van Jan. Hoeveel knikkers heeft elk?*

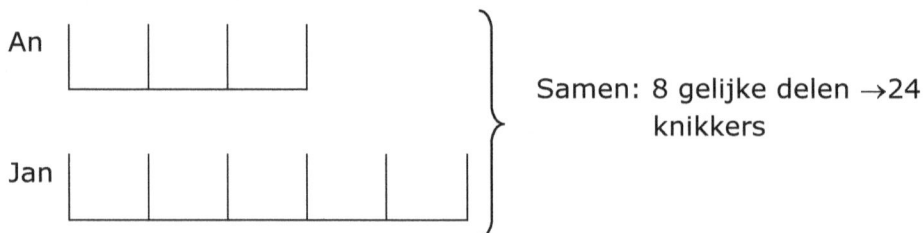

Samen: 8 gelijke delen →24 knikkers

Dus ⌐⌐ = 3 knikkers

Antwoord: An heeft 9 knikkers en Jan 15.

Controle: $\frac{3}{5}$ van 15 = 9 en 9 + 15 = 24

Oriëntatie: Het probleem leren herkennen, benoemen en schematiseren. "Het gaat over een geheel dat bestaat uit verschillende delen die niet allemaal even groot zijn. We weten hoe groot het geheel is en moeten zoeken hoe groot de delen zijn. Het verband tussen de delen is wel gegeven. Als we het kleinste deel zouden kennen, dan konden we de anderen berekenen."
We leren hen eerst dit verband te visualiseren. Elke grootheid kan voorgesteld worden door een lijnstuk. Als grootheid B groter is dan grootheid A, dan kan dat met lijnstukken gevisualiseerd worden.
We laten hen ervaren dat de voorstelling duidelijker wordt wanneer men het gelijke deel echt ziet. Het kleinste deel moet daarom eerst getekend worden en de verlenging (op een andere wijze) aangeduid. Niet verkorten of aftrekken, wel verlengen of bijtellen. Als een grootheid 3x groter is, moet niet alleen het lijnstuk 3x zo lang zijn, maar de drie gelijke delen moeten aangeduid worden. Nu kan men de kinderen voor een probleem stellen en laten zoeken naar oplossingen. "Een touw verdelen in drie stukken, maar één stuk moet 5 cm langer zijn dan de twee andere". Interactie is dan heel belangrijk. Ze kunnen in kleine groepjes zoeken, ze moeten hun oplossing uitleggen. Er zijn dan verschillende oplossingswijzen mogelijk. Als de verhouding tussen de delen gegeven is, kan ook het verhoudingsblok gebruikt worden.

Reflectie achteraf is onmisbaar: "Waarom zijn dit vraagstukken over ongelijke verdeling? Waarom is het moeilijk om eraan te beginnen? ..." Kinderen moeten echt bewust zijn dat het schematiseren bij dit soort problemen de situatie duidelijk kan maken. Ze leren dus ook een techniek, een algemene strategie.
We laten hen zelf ook vraagstukken bedenken bij een gegeven schema, of gewoon "een vraagstuk over ongelijke verdeling". We zorgen ervoor dat ze zich bewust zijn van de twee typen verbanden tussen de delen, het verschil enerzijds en de verhouding anderzijds. Na de lessen moeten ze het gevoel hebben dat ze een heleboel vraagstukken kunnen oplossen.

5.5 Vraagstukken i.v.m. begrippen uit de realiteit die een wiskundige structuur hebben

Doel: Aanbrengen en inoefenen van bepaalde begrippen

Het is de bedoeling dat de kinderen meer inzicht krijgen in begrippen als snelheid, gemiddelde, interest, … en dat ze die kunnen berekenen vanuit dit inzicht, niet dat ze formules leren memoriseren.

Toch zien we dat in het onderwijs daar nog te vaak de klemtoon op ligt, ondanks de aanwijzingen in het leerplan. De vraagstukken bieden ons weer een middel. Door het lezen, visualiseren en zelfs naspelen van situaties krijgen de woorden meer betekenis, worden de begrippen ingevuld. Schema's die de relatie visualiseren spelen een zeer belangrijke rol.

5.6 Vraagstukken met als doel "Problemen leren aanpakken".

Dit zouden we kunnen zien als een einddoel, het belangrijkste doel, waar we op lange termijn, met de verschillende vorige doelen, naartoe werken.

Voorbeelden:

- Je wil geld verzamelen voor Kom op tegen Kanker en je zoekt uit hoe je dat kan aanpakken.
- Je gaat met de klas op uitstap en je moet uitzoeken op welke manier je best reist.
- Je wil te weten komen hoeveel geld je kwijtraakt door een druppende kraan.
- Iemand vraagt jou of je één miljoen in stukken van één cent kan komen ophalen en je vraagt je af hoe je dat kan transporteren. Past dat in een koffer? Hoeveel weegt dat?

Bij dergelijke problemen ligt het antwoord niet voor de hand. Er zijn verschillende oplossingen mogelijk. Je moet een plan opstellen, dikwijls bijkomende gegevens verzamelen, … .
Een aantal **heuristieken** kunnen aangeleerd worden voor het oplossen van problemen.
Interactie is hier onontbeerlijk, er kan en moet van elkaar geleerd worden!
Het **proces** staat centraal, niet de oplossing zelf.
Verschillende **oplossingsstrategieën** zullen uit de bus komen en dat is op zich al waardevol.

Achtergrond

Vroeger, toen veel kinderen alleen de basisschool doorliepen en zich daarna bijvoorbeeld moesten beredderen bij het runnen van een winkel, leerden de kinderen door vraagstukken hoe ze winst en verlies moesten berekenen, totale prijs, korting, …

Men gaf daarom een aantal modeloplossingen, een formule om intrest te berekenen bijvoorbeeld, die kinderen leerden navolgen waardoor ze tot een goede oplossing kwamen. De goede oplossing was het enige dat telde. Inzicht was in feite niet nodig.

In deze tijd is het niet enkel meer noodzakelijk dat kinderen dergelijke berekeningen kunnen maken. We hechten ook belang aan het leren problemen oplossen in het algemeen en het leren ordenen van gegevens in het bijzonder.

De affectieve doelen waaraan gewerkt wordt, zijn:

- Leren samenwerken, per twee of in groepjes.
- Leren uitleggen van eigen oplossingswijzen en luisteren naar die van anderen.
- Individueel bewust worden van eigen kunnen.
- Plezier beleven aan het zoeken naar mooie oplossingen.

5.7 Een context maken is niet zomaar een vraagstukje verzinnen.

We gaan eerst kijken naar de opgave, aangepast van Goffree (1992):

Verkocht voor € 120. Contant 2%. Betaald: € ....

Als je dit wil oplossen, moet je de betekenis begrijpen van **verkocht voor**, van **contant** en van **betaald**.

Maar het kan ook zonder die woorden:

Op het prijskaartje staat € 120. Op een bord in de winkel staat: "Wie direct betaalt, krijgt 2% korting". Welk bedrag blijft er over?

Je hebt nu enkele technische termen vervangen, nu zou je het nog wat actiever kunnen maken.

Je leest op het prijskaartje dat het € 120 kost. In de winkel vertelt men dat je, als je direct betaalt, 2% van de prijs mag aftrekken. Hoeveel betaal je dan?

Als je nu vindt dat sommige woorden te veel verraden ("aftrekken" in dit geval) dan kan je daar ook iets aan doen.

Je leest op het prijskaartje dat het € 120 kost. In de winkel vertelt men dat je, als je direct betaalt, 2% minder moet betalen. Hoeveel betaal je dan?

Nu is het vraagstuk taalkundig aangepast, maar inhoudelijk lijkt het nergens op. Dat is allemaal veel te abstract.

Daarom kan je er van maken:

> *In het Rijwielpaleis staat een prachtige step voor € 120. De verkoper vertelt je dat je bij directe betaling ook nog 2% minder moet betalen. Hoeveel moet er in je spaarpot zitten, als je die step direct wilt betalen?*

Of maak je er een **echt** probleem van?

> *Stel je voor, je mag van je spaargeld een step kopen. Nu heb je er één zien staan in het Rijwielpaleis en één bij Fietsen Smout. Ze zijn allebei hetzelfde, maar in het Rijwielpaleis is de prijs € 120. Daarop mag je bij directe betaling nog 2% in mindering brengen. Bij Fietsen Smout krijg je die korting niet, maar daar staat op het prijskaartje: € 118.*
> *Wat zou je doen? Waarom?*

In dit geval herkennen we een inleefbare situatie. Dat kan ertoe leiden dat kinderen andere vragen gaan stellen. Bijvoorbeeld: Wie geeft de beste service? Of: Welke winkel is het dichtst bij?
De open vraagstelling roept dit soort vragen op. Als je dat echt niet wil, kan je de vraag meer gesloten stellen.

> *In welke winkel moet je het minste betalen? Hoeveel minder?*

Door het toevoegen van gegevens kan je de situatie complexer maken:

> *Bij het Rijwielpaleis is de prijs € 120 en je krijgt 2% korting als je direct betaalt. Maar je wilt er ook nog een staander (€ 3,75) bij. Bij Fietsen Smout is alles inbegrepen. Hij geeft echter geen korting.*

De opgave wordt wel wat lastiger. Niet enkel door de grote getallen of de denkstappen, maar ook omdat er meer tekst is. Er komt een stukje begrijpend lezen bij. Je merkt dat op die manier taal en wiskunde hand in hand gaan.

Om meer nadruk te leggen op de wiskundige activiteit, kan je enkele aanwijzingen inbouwen. Je kan bijvoorbeeld de rekening van beide winkels afdrukken. In dat geval kan je zelfs nog overbodige gegevens invoegen.

Opdracht

Bekijk het filmpje "Een te moeilijk rekenprobleem?" op
www.leraar24.nl/video/73 .

a) Welk effect heeft het aanbieden van een open realistisch probleem op de leerlingen? Hoe pakken ze dit probleem aan?
b) Hoe sluit de leerkracht de les af?

Oefeningen

1) In het Nieuwsblad van 28 december 2012 stond het onderstaande bericht. Welke vraag (of vragen) kan je hierover stellen?

HOUTHALEN

80.000 euro aan muntstukken van carwash gestolen

Op het industrieterrein Europark in Houthalen pleegden onbekenden in de nacht van woensdag op donderdag een inbraak bij een carwash bedrijf. De inbrekers gingen aan de haal met maar liefst 25 emmers vol kleingeld. Die vele muntstukken hebben allemaal samen een door de eigenaars geschatte waarde van 80.000 euro. De zware inbraak met diefstal werd door de mensen van het bedrijf gisteren om 9.09 vastgesteld. Van de daders ontbreekt momenteel elk spoor. De politie van Houthalen-Helchteren onderzoekt de zaak verder.

(ppn)

2) Op de website deredactie.be stond op 26 mei 2015 het volgende bericht:

"Het begon allemaal met een stukgelopen relatie"

○ di 26/05/2015 - 14:49   ♦ Edmond Knevels

Bijna 5 maanden lang deed Patrick Sweeney erover om van Californië naar Boston te lopen, wat ongeveer om en bij de 5.500 kilometer is. Op 9 mei bereikte hij het eindpunt, na zijn tocht op vooral sandalen en blote voeten. Gelijktijdig met de uitdaging, die nog een ver gevolg bleek van een stukgelopen relatie, zamelde hij geld in om jongeren aan te zetten tot sporten. Waar hij passeerde, riepen mensen hem toe: "Run Forrest, run." "Ach het deerde me niet. Ik vond de film "Forrest Gump" wel leuk. Het maakte niet uit", aldus de 36-jarige Sweeney.

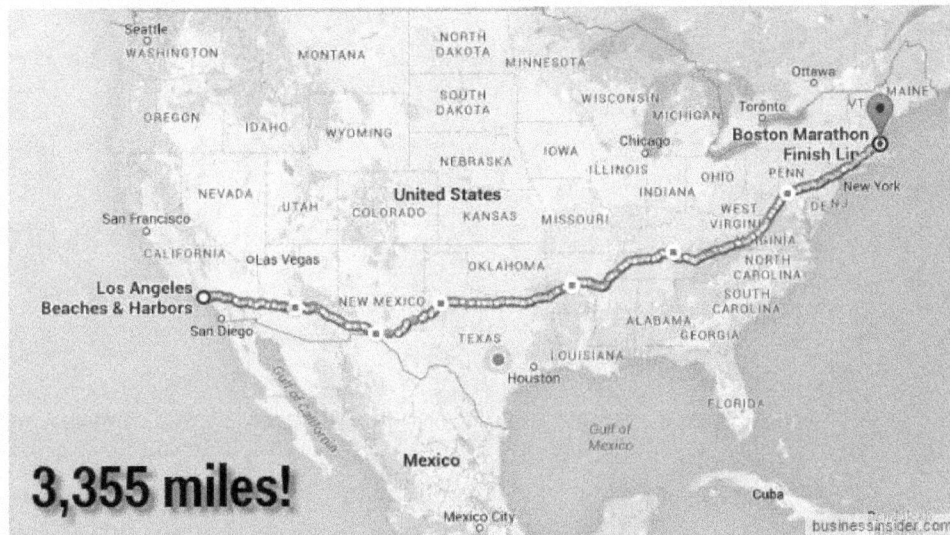

3,355 miles!

Welk open probleem kan je bedenken bij deze context?

Opdracht

Lees de tekst 'Rekenproblemen open aanbieden' (Volgens Bartjens, jaargang 27, 2007/2008 nr.2). Je vindt de tekst op http://rekenen.rekenaarsinbeeld.nl/lesvoorbereiding/procenten%20lessen/achtergronden%20bij%20procenten/vb_27_2_galen_rekenproblemen_open_aanbieden.pdf .

Verklaar waarom het zinvol is om rekenopgaven zo open mogelijk aan te bieden.

Opdracht

Bekijk het filmpje "Lesgeven met geleid heruitvinden, deel 1"
op www.leraar24.nl/video/2697

a) Wat is "geleid heruitvinden"?
b) Geef twee cruciale zaken die bij de toepassing van "geleid heruitvinden"
noodzakelijk zijn.
c) Welke valkuilen of problemen kunnen er optreden?

6   Bordplannen

6.1 Voorbeelden van bordplannen

Een belangrijk onderdeel bij het voorbereiden van je praktijklessen is het bordplan. In een les waarin je werkt aan probleemoplossende vaardigheden is dit zeker ook het geval. We vertrekken vanuit enkele problemen, waarbij een aantal verschillende bordplannen besproken worden, en leiden hieruit relevante aandachtspunten af in verband met het opstellen van bordplannen.

Oefening

Om een vierkant grasplein met een zijde van 40 meter te maaien, heeft tuinman Jef 3 uur nodig. Hoeveel uur zal hij ongeveer nodig hebben om een ander vierkant grasplein te maaien met een zijde die dubbel zo lang is?

a) Werk individueel een oplossingsplan uit. Markeer wat je van jouw uitwerking op het bord zou noteren. Aandachtspunt: op het bordplan moet duidelijk het denkproces gevisualiseerd worden.

b) Vergelijk en bespreek nadien in groepjes van 4 de uitgewerkte bordplannen en herwerk tot één bordplan.
- Wat moet er zeker op?
- Wat moet er zeker niet op?
- Welke vragen stel je aan de rest van de klas om jullie oefening op het bord uit te werken?

Hieronder vind je enkele voorbeelden van bordplannen voor de bovenstaande oefening:

Bordplan 1

	oppervlakte	tijd
Grasplein 1	1600 m² $\downarrow$ 4x	3 uur $\downarrow$ 4x
Grasplein 2	6400 m²	12 uur

Antwoord: Jef heeft 12 uur nodig voor het grotere grasplein.

Bordplan 2

Grasplein 1

Grasplein 2

3 uur | 3 uur
3 uur | 3 uur

Antwoord: Jef heeft 12 uur nodig voor het grotere grasplein.

Wie een digitaal bord heeft, kan dat bij deze oefening optimaal inzetten. Voor het probleem van het grasplein, zou het bordplan er in eerste instantie zo kunnen uitzien:

Om een vierkant grasplein met een zijde van 40 meter te maaien, heeft tuinman Jef 3 uur nodig. Hoeveel uur zal hij ongeveer nodig hebben om een ander vierkant grasplein te maaien met een zijde die dubbel zo lang is?

3 uur

Antwoord:

Hier is gewerkt met toverinkt. De oplossing zit al verborgen en wordt zichtbaar wanneer de leerlingen met toverinkt over het bord gaan. Onder de blauwe balk zit de antwoordzin verborgen.

Om een vierkant grasplein met een zijde van 40 meter te maaien, heeft tuinman Jef 3 uur nodig. Hoeveel uur zal hij ongeveer nodig hebben om een ander vierkant grasplein te maaien met een zijde die dubbel zo lang is?

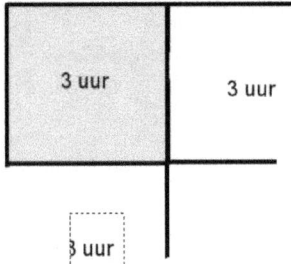

3 uur	
	3 uur
3 uur	

Antwoord:

Om een vierkant grasplein met een zijde van 40 meter te maaien, heeft tuinman Jef 3 uur nodig. Hoeveel uur zal hij ongeveer nodig hebben om een ander vierkant grasplein te maaien met een zijde die dubbel zo lang is?

3 uur	3 uur
3 uur	3 uur

Antwoord:

Om een vierkant grasplein met een zijde van 40 meter te maaien, heeft tuinman Jef 3 uur nodig. Hoeveel uur zal hij ongeveer nodig hebben om een ander vierkant grasplein te maaien met een zijde die dubbel zo lang is?

3 uur	3 uur
3 uur	3 uur

Antwoord:

Jef heeft 12 uur nodig om het groter grasp

Om een vierkant grasplein met een zijde van 40 meter te maaien, heeft tuinman Jef 3 uur nodig. Hoeveel uur zal hij ongeveer nodig hebben om een ander vierkant grasplein te maaien met een zijde die dubbel zo lang is?

3 uur	3 uur
3 uur	3 uur

Antwoord:

Jef heeft 12 uur nodig om het groter grasplein te maaien.

Oefening

Betty, Kaat, Isabel, Lea, An en Ursula hebben een 800-meter wedstrijd gelopen. An versloeg Isabel met 7 meter. Betty kwam 12 meter achter Ursula aan. An had 5 meter voorsprong op Lea maar 3 meter achterstand op Ursula. Kaat finishte halfweg de eerste en laatste persoon. In welke volgorde kwamen de dames aan? Geef de volgorde en de onderlinge afstand.

Vergelijk en bespreek de onderstaande bordplannen. Distilleer hieruit een ideaal bordplan.

Bordplan 1:

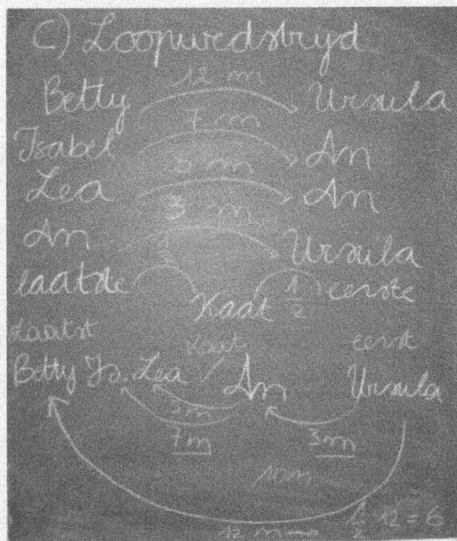

Bordplan 2:

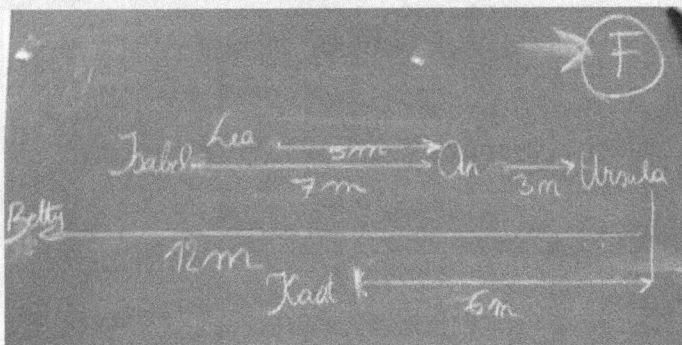

118

Bordplan 3:

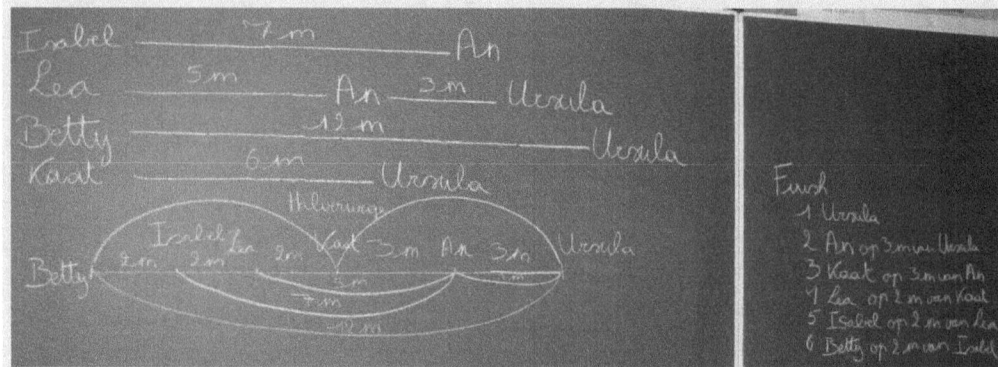

De bordplannen in de vorige oefening vertonen de volgende kenmerken:

Bordplan 1:

- vertoont te weinig structuur;
- geen looprichting aangegeven;
- er is wel kleurkrijt gebruikt.
- ….

Bordplan 2:

- geeft duidelijk de looprichting aan;
- geen kleurkrijt gebruikt.
- ….

Bordplan 3:

- geen looprichting aangegeven;
- systematische weergave;
- er is wel kleurkrijt gebruikt;
- antwoord staat volledig op het bord.
- …..

Wat is dan nu jouw ideaal bordplan?

6.2 Aandachtspunten voor het opstellen van een bordplan

Het is wenselijk om de **gegevens** en wat **gevraagd** wordt alvast op bord te rubriceren. Dit doe je in samenspraak met de leerlingen, na een klassikale rondvraag. Werk hierbij schematisch. Dat wil zeggen: geen volzinnen op het bord. Dat vraagt ontzettend veel tijd, en neemt ook te veel plaats in op je bordplan.

Een **oplossingsschema** op het bord moet overzichtelijk zijn. In één oogopslag moet een kind een globaal beeld krijgen van de oplossing van het probleem.

Wat tevens zeer zichtbaar moet zijn, is het denkproces. De verschillende stappen uit de oplossingsfase moeten gevisualiseerd worden op het bordplan. Hierbij kan kleurgebruik de nodige accenten leggen.

Eén van de **valkuilen** voor een bordplan bij een les rond probleemoplossende vaardigheden is de volgende. Voor de les begint, schrijf je een aantal opgaven van vraagstukken (problemen) volledig uit op bord. Dat vraagt een heleboel tijd; neemt heel veel ruimte in, en vaak rest er dan onvoldoende plaats om aansluitend bij de opgave de oplossing van het probleem uit te werken op het bord. Je kan dus beter de opgave van een vraagstuk op een werkblad aanbieden, of projecteren met een beamer, ...

Het biedt voordelen om de opgave van problemen op een **werkblad** aan te bieden. Kinderen hebben de opgave individueel voor zich, en kunnen er meteen ook aantekeningen bij maken: overbodige gegevens schrappen; essentiële gegevens en de vraag (vragen) markeren met een afgesproken kleur, …..

In de lagere klassen is het aan te raden om de **antwoordzin** volledig uit te schrijven op het bord. In de hogere klassen kan het formuleren van een antwoordzin mondeling worden aangereikt.

De **controle** van het antwoord op zinvolheid –zowel rekenkundig als binnen de context- kan eventueel ook weergegeven worden op het bord.
Welke manieren kan je hiertoe gebruiken?

- Via een korte vraag: Kan dit? Klopt dit wel?
- Of gewoon: Controle?
- …..

Het controleren van het gegeven antwoord kan een ideale aanleiding zijn om de vaardigheden van schattend rekenen verder te oefenen en toe te passen.

Opdracht

Je leerde in de vorige lessen werken met verschillende heuristieken en gebruikte deze bij het oplossen van vraagstukken.
Herbekijk je oplossingen in je logboek. Kies er twee uit en herwerk deze tot een bruikbaar bordplan.

Opdracht

Ontwerp bij de volgende problemen een bruikbaar bordplan. Noteer er de vragen naast die je kan stellen om dergelijk bordplan in je stageklas op te bouwen. Deze opdracht bereid je thuis voor, en wordt tijdens de les verder uitgediept.

1) Je beschikt over 2 kannen: de ene kan 5 liter bevatten de andere 3 wanneer ze volledig gevuld zijn. Er zijn geen markeringen aangebracht en de kannen zijn niet symmetrisch. Toon hoe je exact 4 liter water kan afmeten.

2) Twee vierkanten met dezelfde zijde worden zodanig geplaatst dat een hoekpunt van het ene vierkant samenvalt met het middelpunt van het andere vierkant. Druk de oppervlakte van het gebied waar deze twee vierkanten overlappen uit in functie van de zijde.

3) Gedurende een schooljaar krijgt Stella 25 cent voor elke toets van wiskunde waarvoor ze geslaagd is, maar moet ze 50 cent teruggeven per toets waarvoor ze niet slaagde. Op het einde van het schooljaar is Stella voor zeven keer zoveel toetsen geslaagd als ze niet geslaagd was. Ze verdiende in totaal €3,75. Voor hoeveel toetsen slaagde ze niet?

4) Op het feestje van Linda zitten de kinderen allemaal rond een ronde tafel, even ver van elkaar, en ze hebben ieder een opeenvolgend nummer gekregen. Linda is nummer 5. Ze zit recht tegenover Kim, die nummer 16 heeft. Met hoeveel kinderen zitten ze rond de tafel?

5) Marie en Job werken tijdens de zomer in het stadspark. Marie komt elke derde dag om de planten water te geven. Job komt elke 5 dagen om het onkruid te wieden. Ze slaan geen dag over, ook in de weekends komen ze. Als ze vandaag samen werken in het park, hoe vaak zullen ze dan samen werken in de eerstkomende 6 weken?

6) Larry en Linda willen een tuin aanleggen aangrenzend aan de garage. Ze hebben een draad van 100 meter om rond de tuin te zetten om de konijnen buiten te houden. Ze willen een zo groot mogelijke rechthoekige tuin. Alle zijden ervan moeten gehele getallen zijn. Bepaal jij eens de beste afmetingen voor deze tuin.

7) De nieuwe botsbal is echt een speciale. Elke keer als hij botst, springt hij de helft van de vorige hoogt teug op. De bal wordt losgelaten van op een toren die 128 dm hoog is. Hij wordt opgevangen als hij 10 cm omhoog botst. Hoeveel keer raakte de bal de grond vooraleer hij werd opgevangen?

8) Gisterenavond heeft mama bosbessenkoekjes gebakken voor onze klaspicknick. Tot mijn grote verbazing at mijn broer ¼ van de koekjes op. Mijn papa at 2/3 op van wat er restte. Toen vond mijn kleine zus de bakplaat, en at de helft op van wat er nog lag.
Toen ik de koekjes wilde verzamelen in een doos, bleven er echter slechts 2 over.
Hoeveel koekjes had mama gebakken?

7 Evaluatie van probleemoplossend denken

7.1 Verschillende evaluatiecriteria en -vormen

Oefening

In een handleiding staat de volgende oefening:

Ik heb voor de verjaardag van mijn zus een foto gemonteerd op de computer. Ik druk de foto af op A4 (21 cm bij 30 cm). In het kopiecenter wordt de foto vergroot tot A3 (dubbel van A4). Welke afmetingen moet het kader minimaal hebben als ik nog een passpartout wil gebruiken met een rand van 5 cm?

Bekijk de volgende antwoorden van leerlingen. Hoe zou je deze evalueren?

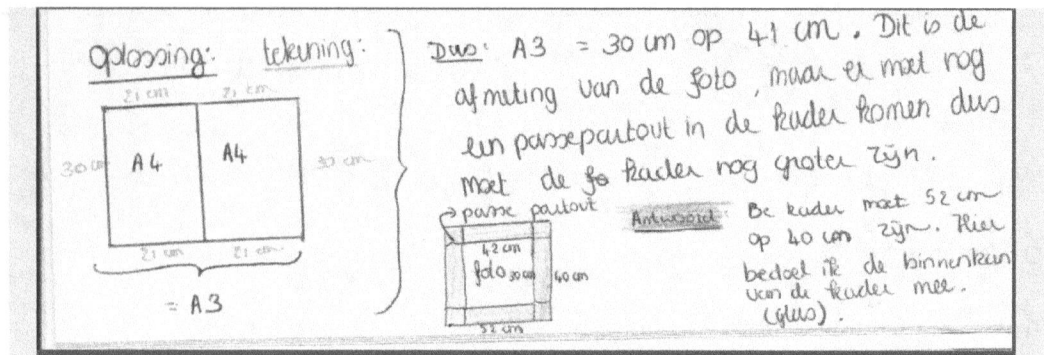

In de vorige delen van de cursus hebben we gezien welke stappen je als leerkracht kan zetten om van je leerlingen *goede probleemoplossers* te maken. Deze stappen zijn echter niet voorgedefinieerd en hangen af van de groei die leerlingen doormaken in hun leerproces. **Als leerkracht is het** daarom **belangrijk om een goed zicht te hebben op de evolutie van deze groei**. Dit zou daarom je belangrijkste doel moeten zijn bij evaluatie.

Men onderscheidt twee vormen van evaluatie, zogenaamde **formatieve en summatieve evaluatie**. Formatieve evaluatie heeft als doel feedback te geven aan de leerlingen om hun leren te verbeteren, maar ook aan de leerkracht om zijn onderwijzen te optimaliseren. Het helpt leerlingen om hun sterktes en zwaktes te identificeren en werkpunten te fomuleren. Aan formatieve evaluatie worden geen punten toegekend. Je kan dit laagdrempelig organiseren door vooral goed te observeren als de leerlingen aan problemen werken en door aan specifieke leerlingen gerichte vragen te stellen. Dit alles kan je in steekwoorden noteren op een apart blad. Formatieve evaluatie kan je ook structureel inbouwen door de leerlingen een vraagstukkenlogboek te laten bijhouden. Hierin noteren ze steeds alle pogingen en oplossingen van oefeningen, goed en fout. Als leerkracht kan je dan tussentijds hierin terugblikken en systematische fouten herkennen of een positieve groei opmerken.

Summatieve evaluatie geeft een eindoordeel over een bepaald onderdeel en toetst of bepaalde doelen al dan niet bereikt zijn. Dit gebeurt meestal aan de hand van een toets (bv. de bloktoetsen uit de handleidingen). Het is hier belangrijk om steeds na te gaan of de doelen die je wilt toetsen ook effectief getoetst worden door de vragen die worden gesteld. Zo ligt bij probleemoplossend denken de nadruk vooral op het oplossingsproces en de stappen die leerlingen hierin zetten. Het heeft dan ook weinig zin om op een toets enkel te kijken naar het al dan niet juist oplossen van een probleem.

Zoals bij elke vorm van evaluatie is het belangrijk dat leerlingen op voorhand weten welke criteria je gaat gebruiken om hun oplossingen te beoordelen. Een manier om deze criteria duidelijk te maken voor leerlingen, en om groeilijnen hierin te erkennen, is door gebruik te maken van een evaluatiematrix. Vertrekkend van een algemene matrix voor probleemoplossend denken, kan je hier zelf aanpassingen in aanbrengen om je eigen accenten te leggen.

<u>Voorbeeld 1:</u> Een algemene evaluatiematrix voor probleemoplossend denken voor elk leerjaar (Gojak, 2011).

Criteria	Niveau 1	Niveau 2	Niveau 3	Niveau 4
Organisatie van de gegevens	* Willekeurig * Onvolledig	* Vrij volledig	* Alle gegevens aanwezig * Er is een plan *Georganiseerd	* Goede planning * Volledig * Weergegeven op een georganiseerde manier
Wiskundig juist	Grote fouten in de berekeningen en in de uitleg	Kiest geschikte wiskundige concepten, maar is niet in staat de taak juist uit te voeren	Kleine fouten in de berekeningen, maar toont een duidelijk begrip van de concepten	Juist
Gebruik van strategieën	* Ontbreken van een strategische aanpak * Geen uitleg	* Er zijn tekenen van een strategische aanpak, maar onvolledig of niet gevolgd * Geen voorstelling of uitleg	* Toont een toepassing van strategieën, maar niet efficiënt * Beperkt gebruik van voorstellingen of uitleg	* Efficiënt en correct gebruik van één of meerdere strategieën * Bevat een volledige voorstelling of uitleg

Dergelijke matrices evalueren vooral het eindproduct, de oplossing van een probleem. De weg naar de oplossing is net zo belangrijk. Hoe ga je dit evalueren? De efficiëntste manier om het metacognitief denken te evalueren is door leerlingen hardop te laten denken. Dit is niet altijd haalbaar in een klassituatie. Daarom kan je leerlingen best leren om hun denken te noteren in een vraagstukkenlogboek. Hierin kan je dan als leerkracht terugblikkend op een activiteit de denkstappen (goed <u>en</u> fout) van een leerling analyseren.

Oefening

Vergelijk de criteria in de matrix met de criteria die je zelf had opgesteld in de bovenstaande oefening. Zijn er criteria die volgens jou ontbreken in de matrix? Kan je hiervoor ook vier niveaus in onderscheiden?

Oefening

Gebruik je eigen criteria en de bovenstaande evaluatiematrix om de oplossingen op het volgend probleem uit hoofstuk 2 te evalueren. Welke aanpassingen zou je nog doen aan de evaluatiematrix? Wat ontbreekt er volgens jou?

Een groothandelaar moet 200 doosjes met lampen verzenden en verpakt daarom de doosjes in een grote houten kist. In deze kist kunnen er 8 doosjes achter elkaar, 8 doosjes naast elkaar en 4 doosjes op elkaar staan. Zal deze man erin slagen om die 200 doosjes met lampen in deze kist te krijgen?

Leerling 1:

$8 + 8 + 4 = 20$

Neen, deze man zal er niet in slagen om die 200 doosjes met lampen in deze kist te krijgen, want er kunnen maar 20 doosjes in deze kist.

Leerling 2:

$8 \times 8 \times 4 =$

$8 \times 8 = 64$

$$\begin{array}{r} 64 \\ \times\ 4 \\ \hline 116 \end{array}$$

Neen, deze man zal er niet in slagen om die 200 doosjes met lampen in deze kist te krijgen, want er kunnen maar 116 doosjes in deze kist.

Leerling 3:

$8 \times 8 \times 4 =$

$8 \times 8 = 64$

$$\begin{array}{r} 64 \\ \times\ 4 \\ \hline 256 \end{array}$$

Neen, want 256 is veel meer dan 200.

<u>Voorbeeld 2:</u> De bovenstaande matrix kan aangepast worden aan specifieke leerjaren, bijvoorbeeld voor het tweede leerjaar (Gojak, 2011).

Criteria	Niveau 1	Niveau 2	Niveau 3	Niveau 4
Organisatie van de gegevens	Rommelig, niet afgewerkt, niet georganiseerd	Bijna afgewerkt	Een beetje georganiseerd en afgewerkt	Volledig, netjes, georganiseerd
Wiskundig juist	Niet correct, niet op het juiste pad	Op het juiste pad, maar niet correct	Bijna correct, sommige punten ontbreken	Correct
Gebruik van strategieën	Er wordt geen plan gebruikt	Er wordt een plan gebruikt, maar dit leidde niet tot een oplossing	Gebruik van een plan zichtbaar door de werkwijze of uitleg	Correct gebruik van een plan (schriftelijk of mondeling)

Opdracht

Pas de algemene evaluatiematrix toe op enkele oplossingen van problemen in je logboek. Merk je een evolutie in je manier van problemen oplossen en noteren?

Bijlage 1: Vragenlijst m.b.t. vraagstukken

1. Voor een vraagstuk bestaat er altijd maar één juist antwoord.

   ❑ helemaal niet akkoord
   ❑ niet akkoord
   ❑ ik weet het niet
   ❑ akkoord
   ❑ helemaal akkoord

2. Bij vraagstukken telt alleen het juiste antwoord; hoe je dat antwoord gevonden hebt, is niet belangrijk.

   ❑ helemaal niet akkoord
   ❑ niet akkoord
   ❑ ik weet het niet
   ❑ akkoord
   ❑ helemaal akkoord

3. Vraagstukken is het onderdeel van de wiskunde waaraan ik de grootste hekel heb.

   ❑ helemaal niet akkoord
   ❑ niet akkoord
   ❑ ik weet het niet
   ❑ akkoord
   ❑ helemaal akkoord

4. Er bestaan meerdere manieren om tot het juiste antwoord op een vraagstuk te komen.

   ❑ helemaal niet akkoord
   ❑ niet akkoord
   ❑ ik weet het niet
   ❑ akkoord
   ❑ helemaal akkoord

5. Door veel vraagstukken op te lossen, word je niet slimmer.

   ❑ helemaal niet akkoord
   ❑ niet akkoord
   ❑ ik weet het niet
   ❑ akkoord
   ❑ helemaal akkoord

6. Wie goed is in wiskunde kan elk vraagstuk in enkele minuten juist oplossen.

   ❑ helemaal niet akkoord
   ❑ niet akkoord

❏ ik weet het niet
❏ akkoord
❏ helemaal akkoord

7. Ook als je een vraagstuk fout hebt opgelost, kan je daar iets uit leren.

❏ helemaal niet akkoord
❏ niet akkoord
❏ ik weet het niet
❏ akkoord
❏ helemaal akkoord

8. Wanneer ik goede punten behaal bij het oplossen van vraagstukken, komt dat omdat ik deze keer geluk gehad heb.

❏ helemaal niet akkoord
❏ niet akkoord
❏ ik weet het niet
❏ akkoord
❏ helemaal akkoord

9. Wanneer ik slechte punten behaal voor vraagstukken, komt dat omdat ik van bij mijn geboorte geen talent heb voor wiskunde.

❏ helemaal niet akkoord
❏ niet akkoord
❏ ik weet het niet
❏ akkoord
❏ helemaal akkoord

10. Als ik een vraagstuk niet direct kan oplossen, weet ik dat ik de oplossing nooit zal vinden.

❏ helemaal niet akkoord
❏ niet akkoord
❏ ik weet het niet
❏ akkoord
❏ helemaal akkoord

Cursusdoelen

Heuristieken

- De studenten kunnen bij een wiskundig probleem een aangepaste heuristiek kiezen en succesvol toepassen.

Meta-onderwijzen

- De studenten kunnen de kerncompetenties van meta-onderwijzen voor de eerste graad (ik wil , ik plan, ik doe, ik kan) in de oplossing van een oefening verwerken.
- De studenten kunnen hun eigen denkstappen onderscheiden en op een heldere manier visualiseren en verwoorden.
- De studenten kunnen concrete handelingen van de klasleerkracht opsommen die de kerncompetenties van meta-onderwijzen voor de tweede graad ondersteunen.
- De studenten kunnen de kerncompetenties van meta-onderwijzen voor de tweede graad (ik weet, ik onthoud, ik orden, ik gebruik) in de oplossing van een oefening verwerken.
- De studenten kunnen concrete handelingen van de klasleerkracht opsommen die de kerncompetenties van meta-onderwijzen voor de tweede graad ondersteunen.
- De studenten kunnen de kerncompetenties van meta-onderwijzen voor de derde graad (ik leer zelfstandig, ik leer van en met anderen, ik reflecteer) in de oplossing van een oefening verwerken.
- De studenten kunnen concrete handelingen van de klasleerkracht opsommen die de kerncompetenties van meta-onderwijzen voor de derde graad ondersteunen.

Klassieke fouten van leerlingen

- De studenten kunnen de vaardigheden nodig bij probleemoplossend denken benoemen en illustreren aan de hand van een voorbeeld.
- De studenten kunnen de vastgestelde tekorten in verband met het oplossen van wiskundige toepassingssituaties benoemen en illustreren aan de hand van een voorbeeld.
- De studenten kunnen fouten van leerlingen bij probleemoplossend denken situeren binnen de vaardigheden die nodig zijn bij probleemoplossend denken.
- De studenten kunnen de oorzaken van de vastgestelde tekorten bij probleemoplossend denken benoemen, uitleggen en illustreren aan de hand van concrete voorbeelden.
- De studenten zijn bereid om in lessen wiskunde voor de lagere school krachtige instructietechnieken en werkvormen te integreren om het probleemoplossend denken te stimuleren.

- De studenten zijn bereid om tijdens lessen wiskunde voor de lagere school een ondersteunende klascultuur te realiseren om het probleemoplossend denken bij leerlingen te stimuleren.

Problemen leren formuleren

- De verschillende functies van een vraagstuk kunnen identificeren in een opgave.
- Bij een gegeven functie zelf een voorbeeld kunnen verzinnen.
- Een gesloten wiskundeprobleem kunnen omvormen tot een open probleem.

Bordplannen

- Bordplannen kunnen opbouwen die de denkprocessen weergeven.
- Bij de verschillende bestudeerde heuristieken een zinvol en gestructureerd bordplan kunnen uitwerken.

Evaluatie van probleemoplossend denken

- De studenten kunnen criteria opstellen die belangrijk zijn bij het evalueren van probleemoplossend denken.
- De studenten kunnen probleemoplossend denken evalueren aan de hand van door hen opgestelde criteria.
- De studenten kunnen hun eigen criteria kritisch vergelijken met andere criteria.

Literatuurlijst

Chamberlin, S. (2008). What is problem solving in the mathematics classroom? *Philosophy of mathematics education journal*, 1-25.

Depaepe, F., De Corte, E., & Verschaffel, L. (2010). Reallistisch modelleren in het basisonderwijs: tussen doelstelling en daad. *Logopedie*, 10-17.

Drijvers, P., van Streun, A., & Zwaneveld, B. (2012). *Handboek wiskundedidactiek.* Utrecht: Epsilon.

Europese Commissie. (2007). *European Reference Framework: Key Compentences for LifeLong Learning.* Luxemburg: Office for Official Publications of the European Communities.

Feuerstein, R. (1980). *Instrumental enrichment: an intervention program for cognitive modifiability.* Glenview, IL: Scott, Foresman & Company.

Fisher, R. (1998). Thinking about thinking: developing metacognition in children. *Early child development and care*, 1-15.

Flavel, J. (1979). Metacognition and cognitive monitoring: a new era of cognitive-developmental enquiry. *American Psychologist*, 906-911.

Flavell, J., Green, F., & Flavell, E. (1995). *Young children's knowledge about thinking.* Chicago: University of Chicago Press.

Goffree, F. (1992). *Wiskunde & Didactiek Deel 2.* Groningen: Wolters-Noordhoff.

Gojak, L. (2011). *What's your math problem!?!* Huntington Beach, CA: Shell Education.

Handleidingen Nieuwe Tal-Rijk 1 - 6. (sd).

Handleidingen Zo gezegd, Zo gerekend 1 - 6. (sd).

Isoda, M., & Katagiri, S. (2012). *Mathematical Thinking. How to develop it in the classroom.* Singapore: World Scientific Publishing.

Janssens, I. (2000). *Wiskundige initiatie voor kleuters: Ruimte.* Deurne: Wolters Plantyn.

Kilpatrick, J., Swafford, J., & Findell, B. (2001). *Adding it up. Helping children learn mathematics.* Washington: National Research Council.

Lesh, R., & Zawojewski, J. (2007). Problem-solving and modeling. In F. Lester, *Second handbook of research on mathematics teaching and learning* (pp. 763-804). Reston: NCTM.

Lester, F., & Kehle, P. (2003). From problem-solving to modeling: the evolution of thinking about research on complex mathematical activity. In R. Lesh, & H. Doerr, *Beyond constructivism: models and modeling perspectives on mathematics problem solving, learning and teaching* (pp. 501-518). New York: Lawrence Erlbaum Associates.

OVSG. (1998). *Leerplan wiskunde.*

Pólya, G. (1957). *How to solve it.* New York: Doubleday Anchor Books.

Pólya, G. (1962). *Mathematical discovery: on understanding, learning and teaching problem solving. Volume I.* New York: John Wiley and Sons, Inc.

Schoenfeld, A. (1992). Learning to think mathematically: problem solving, metacognition and sense making in mathematics. In D. Grouws, *Handbook of research on mathematics teaching and learning* (pp. 334-370). New York: McMillan.

Schoenfeld, A. (1994). Reflections on doing and teaching mathematics. *Mathematical thinking and problem solving* (pp. 53-75). New Jersey: Lawrence Erlbaum Associates.

Schwartz, R., & Parks, D. (1994). *Infusing the teaching of critical and creative thinking in elementary instruction.* Pacific Grove, CA: Critical Thinking Press.

Siegler, R., & Booth, J. (2004). Development of numerical estimation in young children. *Child Development*, 428-444.

Stappaerts, J., & Van Dommelen, K. (2012). Brongebruik, een probleem? Een strategie om de eindtermen WO beter te beheersen: Ik leer thuis, op school en in de wereld ... een eenvoudige leerlijn Leren Leren. *Wereldoriëntatie op de kaart gezet.* (pp. 136-141). Brussel: Vlaams Ministerie van Onderwijs en Vorming.

Steen, L. (1988). The science of patterns. *Science, 240*, 611-616.

Sternberg, R., & Davidson, J. (1983). Insight in the gifted. *Educational Psychologist*, 51-57.

Stipek, D., Givvin, K., Salmon, J., & MacGyvers, V. (2001). Teachers' beliefs and practices related to mathematics instruction. *Teaching and Teacher Education*, 213-226.

Streefland, L. (1985). Wiskunde als activiteit en de realiteit als bron. *Nieuwe Wiskrant, 5*, 60-67.

Toh, T., Quek, K., Leong, Y., Dindyal, J., & Tay, E. (2011). *Making mathematics practical: An approach to problem solving.* Singapore: Wold Scientific Publishing.

Verschaffel, L., De Corte, E., Lasure, F., & Van Vaerenbergh, G. (1999). *Leren oplossen van vraagstuken. Een lessenreeks voor leerlingen uit de hoogste klassen van de basisschool.* Diegem: Kluwer Editorial.

Vlaams ministerie van Onderwijs en Vorming. (2010). *Tweede peiling wiskunde in het basisonderwijs.* Brussel: Vlaamse overheid.

Vlaams Ministerie van Onderwijs. (sd). *Lager Onderwijs - Wiskunde - Algemeen.* Opgeroepen op September 11, 2013, van Onderwijs en Vorming - Curriculum: http://www.ond.vlaanderen.be/curriculum/basisonderwijs/lager-onderwijs/leergebieden/wiskunde/algemeen.htm

VVKBaO. (1998). *Leerplan Wiskunde.* Brussel: VVKBaO.

www.ingramcontent.com/pod-product-compliance
Lightning Source LLC
LaVergne TN
LVHW081449070426
835509LV00014B/1505